谨以此书献给一直支持我们的三木先生，在沙漠中用汽油发电供我写作的弗雷德和莎拉，包容我们连续三年不在家过年的父母，为我们细细审稿的胡老师、姜老师、阿捷和吉尔，还有那么多期待这本书面世的朋友和学生。

陪你读书

QQ小姐和巧克力妹妹的环球日记

请允许我动用世界这个大学堂教养你

黄箐 李欣果/著

清华大学出版社
北 京

图书在版编目（CIP）数据

QQ 小姐和巧克力妹妹的环球日记：请允许我动用世界这个大学堂教养你 / 黄箐，李欣果著 . — 北京：清华大学出版社，2019

（陪你读书）

ISBN 978-7-302-43764-2

Ⅰ . ① Q… Ⅱ . ①黄… ②李… Ⅲ . ①家庭教育 Ⅳ . ① G78

中国版本图书馆 CIP 数据核字（2016）第 100200 号

责任编辑：周　菁　王如月
封面设计：平　平
责任校对：王荣静
责任印制：杨　艳

出版发行：清华大学出版社
　　　　　网　　　址：http://www.tup.com.cn，http://www.wqbook.com
　　　　　地　　　址：北京清华大学学研大厦A座　　邮　　编：100084
　　　　　社 总 机：010-62770175　　　　　邮　　购：010-62786544
　　　　　投稿与读者服务：010-62776969，c-service@tup.tsinghua.edu.cn
　　　　　质 量 反 馈：010-62772015，zhiliang@tup.tsinghua.edu.cn
印 装 者：天津图文方嘉印刷有限公司
经　　销：全国新华书店
开　　本：160mm×230mm　　印　张：16　　字　数：208千字
版　　次：2019年5月第1版　　　　　　印　次：2019年5月第1次印刷
定　　价：49.80元

产品编号：066195-01

代序一

行走的力量

当为人父母者每天为孩子的作业、考试、睡眠严重不足而焦虑、伤神、疲惫不堪时，当学校校长、教师为学校的考试排名、升学成绩而忧心忡忡时，当教育行政官员为教育改革苦心谋划时，建议您读一读这本书。您会觉得在您面前打开了一扇耳目一新的培养、引领儿童健康成长的窗户。

这本书是真实的游学记录。您开始担心，一个九岁的女孩跟妈妈用六年的时间，游历了二十几个国家，走了几十万里路，寒暑假时不像别的孩子一样在培训学校补课，会不会耽误学习呀！事实告诉我们：女孩考上了重庆最好的初中。原因很简单，她们实践了古人所说的"读万卷书，行万里路"。她们结合游学，选择阅读了很多的书，写了相当多的翔实的文字。女孩的头脑比常态的学生丰富太多了，而她的智能比常态的学生强太多了，而且身心健康。这就是我们常说的"综合素质"。

这本纪实的书有三个主要特点：

其一，"懂孩子"。鲁迅有一段话："孩子的世界，与成人截然不同，倘不先行理解，一味蛮做，便大碍于孩子的发达。""懂孩子"是教育孩子的前提。每个年龄段的孩子都有其特点和发展规律，懂了，才能有针对性的施教。遗憾的是太多的家长和教师在一味的"蛮做"，那是扭曲的教育，失败的教育。本书作者读懂了孩子，把幸福的童年还给了孩子。

其二，父母的身教。宋庆龄说过："父母的一言一行，都对孩子产生深远的影响"。书中的家长是以身作则、身体力行的，与孩子一起经历了成长。这就是"影响大于说教。"这也是知名演员濮存昕的教育经验。

其三，读书、实践、写作结合。否则，我们不会读到这本真实、生动、引人深思的书。

您或许会想，我们没有作者那样的条件，不可能那样行动。其实，这本书是在传达一种教育的新理念——作者所理解的"素质教育"的理念。究竟怎样教育引领我们的孩子健康成长，方式方法是多种多样的，绝不只是游学世界。打开传媒，您会看到，在全国有很多探索素质教育的学校和家长，也有很多成功的案例。学校领导、教师和广大家长紧密配合，一定能探索出我们自己培养人才的成功之路！

正如QQ小姐所说："我们都是"中国制造"的一代，在行走中学习，产生流动的后续力。希望有一天"中国制造"可以化为"中国创造"，给世界一个惊喜。

王宝祥

北京教育科学研究院研究员

《班主任》杂志创刊人，曾任主编17年

教育部教师司中小学班主任国家级培训专家

曾获中国青少年社会教育"银杏奖"终身成就奖

※ 在博卡拉滑翔飞行

代序二

写给棒棒的黄箐阿姨

去尼泊尔，那是我第一次出国旅行。

那时，我刚上小学二年级，从没想过可以去到异国他乡。这一切的机缘，都是因为黄箐阿姨。她太厉害了，说一口流利的英语，居然可以自如地与外国人交流！她简直是我的偶像。

黄箐阿姨带来了好玩的一切：在尼泊尔的蓝天里滑翔飞行、在野花盛开的蒙古草原上策马奔腾；深入真正的火山口，住进可爱的有小跳蛙的蒙古包；在ARC徒步经典环线上演"蚂蟥的盛宴"；在洪水来临前感受地球村式的互助……她让我感受到一个万花筒般目眩神迷的世界。我明白了"读万卷书，行万里路"真正的含义！

令我感到惊喜的是，黄箐阿姨竟然改变了我的妈妈。妈妈最初是她的跟随者，跟着她到处去旅行。渐渐地，妈妈越来越厉害，甚至能自己带领妈妈团，去珠峰大本营，游柬埔寨，还逛了法国和意大利。要知道，我妈妈的英文真的很烂，交流只能是"蹦单词"哦。尽管妈妈的勇气是与生俱来的，但唤醒她内心的绝对是黄箐阿姨！

黄箐阿姨让我们体验到了什么是真正的"深度游"，让我们成为了真正的旅行者！

感谢黄箐阿姨！

永远的旅伴　安妮

※　在清迈学习烹制泰国菜

代序三

给我亲爱的学生果儿

夜，已经很深了。终于有时间可以坐在灯下，只为你，果儿。午后的暴雨涤净滞浊的闷热。此刻，清茶一盏，如缕香烟，正是一天中最好的时光。想着你，迎着风，心中竟有一首歌在轻轻吟唱……

六年啊，两千多个日子，我们朝夕相伴。刘妈妈何其有幸，能亲眼见证小小的你由稚嫩懵懂走向独立成熟。好怀念课堂上你含笑专注的眼神；怀念你听似云淡风轻却每每直击人心的发言；怀念你黏着我一个中午一个中午聊天的执着；怀念你读万卷书行万里路后超乎实际年龄的持重老成与宽容悲悯……课堂有你，已不再是课堂，那是灵魂交互的天堂；校园有你，亦不复为校园，那是知己交心的乐园！果儿，刘妈妈一直认为，遇见你，是我莫大的幸运！

现在的我，距离课堂已经很远很远。唯有想起你，想起你健康可爱的麦色脸蛋，想起你温柔淡定的褐色眼睛，想你于众同学之间子立侃侃而谈，才能于恍惚中重回讲坛，重拾久远的幸福。果儿啊，如果说，刘妈妈的教学生涯是一支歌，你一定是尾声中那个震颤的最高音。一曲终了，余音绕梁。你的美丽聪慧、正直善良，将连同那些我们一起经历的片断，永驻我心。

写到此刻，窗外竹影摇曳，灯火已阑珊。想到你将和妈妈共同出版第一本游记，我为你开心。我知道，这只是一个开始，是你用脚步丈量世界，用文字改变世界的开始。走下去，未来将不可限量！为你骄傲！我的孩子。

祝福你！我心爱的果儿。

刘沙涓

巧克力妹妹的小学语文老师

※　朝圣珠峰

自 序

我有一个梦想

　　QQ小姐，草根女子一枚，八小时内教书育人，八小时外相夫教女，生活乏善可陈。一天起心动念，觉得没有激情的生活，是对生命的辜负。于是我带上时年九岁的幼女巧克力妹妹，利用假期的时间，踏上环球之旅。

　　混迹江湖六载，我们两个重庆妹儿以节俭又妙趣横生的方式游学三大洲二十多个国家，走了几十万公里路，写了上百万字日记，从中选取一部分内容，打磨成这本书。老公从反对到点赞："工薪族，不辞职，不退学，不负气，平平静静出门，快快乐乐回家，有走在路上的勇气，也有安静工作学习的定力……我家的两个姑娘真是好样的。她们不是野马，她们找得到回家的路。"

　　我让小小年纪的巧克力妹妹进入了世界这个大学堂，最初所有人都在质疑和反对我。可是，随着巧克力妹妹的改变，质疑声、反对声渐渐弱了下去，甚至听不见了。

　　我斗胆对抗家庭的压力，没让女儿失去幸福的童年，她从没进过课外班令人窒息的教室，没被各种作业习题压得喘不过气来。周末我们登山、游泳、阅读，寒暑假背上一包书，边阅读边看世界。我们没有多少钱，但有很多激情，扛着麻辣抄手佐料和电锅，走到哪里都有麻辣面吃；背上睡袋，在火车站飞机场打地铺一样睡得香甜。世界顶级的博物馆、美术馆是巧克力妹妹"梦幻童年"的精神底色，志愿者身份让她从小懂得善待更弱小的生命，世界上最高的山峰、最大的草原，她用自己的脚步丈量……在这个朴素坚定的小女孩身上，呈现出强烈的"成长之美"。当年瘦弱的早产儿现已长成强壮的美少女，她每年和爸爸奔跑在马拉松赛道上；她凭自己的踏实努力，考上重庆最好的初中，并获得奖学金；朋友们喜欢她，说她专注阅读的样子就是最美的风景；老师们喜欢她，说她的好人品是难得的财富。

我们只是这个时代的沧海一粟，但我们的存在一定有特殊的价值，在时间长河中激起一朵小小的浪花。也许这样的教养方式有些孩子气，如果失败，我们甘当草稿；如果我们的尝试取得些许成效，为他人教育孩子提供多一些选择，这一路艰辛，也就有了意义。

我真的相信，世间有光荣的荆棘路，我将继续奋力前行，为了这个梦想，为了生命的自由之美。

最令人惊喜的是，游学改变的不只是我和巧克力妹妹两个人。和我们同行的朋友和孩子们，都迷上了这样的生活方式，并各自成为勇敢的开拓者。原本不会说英语拼游的朋友，现在敢于带着一群完全不懂英语的妈妈和孩子，去欧洲游学；原本喜欢宅在家里的学生，现在成为打工度假的世界公民，创办了自己的国际志愿者服务组织。

我们都是"中国制造"的一代，在行走中学习，产生流动的后续力。希望有一天"中国制造"可以化为"中国创造"，给世界一个惊喜。

QQ小姐

※ QQ 小姐（右）和巧克力妹妹在 66 号公路起点合影

Contents
目·录

Chapter 1
世界很大、童年很长，你慢慢长，我慢慢养

Chapter 2
尼泊尔——喜马拉雅壮丽之旅

Chapter 3
老挝、柬埔寨——追逐中南半岛的温暖冬阳

世界很大，童年很长，
你慢慢长，我慢慢养

我是不称职的妈妈

我的名字中有个"箐"，来自《易经》，意为"山谷中茂密的竹林"。我虽是外语老师，但和外国朋友交往只用中国名字"Qing"。老外不会发音，就叫我"Miss QQ"。慢慢地，"QQ小姐"就成了我的别名。

我23岁那年，首胎产下瘦得像耗子的巧克力妹妹。其实她刚生下时并不黑，白白嫩嫩，可是后来天天在外面疯跑，皮肤被晒成巧克力色，加上她很喜欢杏仁巧克力，渐渐地，大家都叫她"巧克力妹妹"。

巧克力妹妹是早产儿，白天呼呼大睡，晚上眼睛瞪得溜圆，用"惨绝人寰"的哭声逼迫我抱着边唱歌边晃一宿。产后抑郁症外加育儿疲劳，我的神经终于被逼到了极限。那一天，我抛弃一切，离家出走……

其实，我并没走远，只是找了个小旅馆，在床上躺成大字，享受无人打扰的单身生活！可是，仅仅三个小时后，我就觉得少了点什么，独自看电视，吃零食，吃火锅，心中莫名有种空虚感，好像还有一丝丝的思念……打开手机，老公的电话立刻就进来了："疯够了没有？在哪里？我们接你回家！"

然而谁也没想到，这只是暴风雨来临前的一朵乌云而已。

不久，我又背着家人申请学校的出国项目。几经考试终于得到了机会。我几乎是等到快开学时才向家人宣布："这个家，拜托各位了，我要去美国交流学习一年。公费，绝对不给家里增加负担！"站台上，我拖着箱子，不敢想年迈的爹妈，不敢看老公和他怀里咿咿呀呀笑脸如花的娃娃！

"浑身燃烧"的中国小姐

　　美国，我来啦！踏上美国的土地，我心中的愧疚和不舍似乎都烟消云散了。那一年，我26岁，头发散乱，眼睛里却闪耀着对新生活的期待和好奇。

　　可是，刚到美国华盛顿州，我就觉得有些不太对劲，我的同事看我的眼神总是很奇怪，而且常常在背后说我什么。直到有一天，校长找我谈话："你这个岗位前一个女孩，来了就不走了，还拆散一对美满夫妻，从善良的美国女孩怀中抢走她的丈夫！记住，你是来工作，不是来'采购'老公！我们提出申请，想终止这个项目，可是不知为何纽约把你送来？"什么？！我那天真是气得七窍生烟，晚上越想越委屈，越想越生气。第二天一大早，我直接冲进了校长办公室，一手持《独立宣言》，一手持《圣经》，气势汹汹地说："首先，这张纸（《独立宣言》）上说，每个人都有追求幸福的权利，如果那对夫妻真正美满，谁也拆不散！你们应该感谢我的'前任'解救了一个美国青年，让他重新对爱情充满信心，你们不该妄加评判；第二，我把手放在这本书（《圣经》）上起誓，尽管我来这里的初衷并不是很好，但绝不为美国男人，请告诫自以为是的美国佬，少打我的主意！骄傲独立的中国女士不是'西贡小姐'！"

　　结果，我这个QQ小姐从此出了名，当地报纸写道：校长先生警告大家"不要惹'浑身燃烧'的中国小姐"！

　　那是2005年，中国和美国的差距还有点大。我有点自卑，又相当自尊，我用自创的方式和美国人相处。

我的常规工作量是每天在学区高中上两个班的中国文化课，每天工作两小时。他们哪知道我QQ小姐精力旺盛，上完课浑身力气没处使，四处蹭课，法语、西班牙语、修车、陶艺……老师们敞开大门，教我七十二般本领。投桃报李，我决定当学区志愿者，传播中国文化。

学校的董事会做了调查："浑身燃烧"的中国小姐教会学区大半孩子（从幼儿园到大学）十八般武艺：写毛笔字，说中国话，画中国画，做蛋炒饭，打乒乓球，剪纸，唱京剧《苏三起解》和黄梅戏《女驸马》，背《木兰辞》片段……我一个人如约来，按时去，留下的是笑声，带走的是回忆，没有"采购"任何美国男人。

学年结束时，校长在欢送会上给我颁发奖章和证书，并表达深深的歉意。他感谢我对中美文化交流作出的贡献，愿意派美国老师到我们学校，延续中美友谊。2010年，美国朋友保拉和克里斯到我们学校做一年交换教师。

后来，2013年夏天，我和巧克力妹妹应邀去参加美国房东的八十大寿。有一天，我和巧克力妹妹就喝牛奶问题起了严重争执，平时搞笑的美国爷爷很严肃地对小丫头说："麦洛蒂，我觉得你应该更尊重妈妈，听妈妈的话，因为她是我见过的最好的老师和妈妈。"巧克力妹妹余怒未消，头顶冒着热腾腾的怒气。爷爷继续说："你的妈妈，只用一年时间，靠勤奋和聪明换来美国人的爱和尊重；她用11年的时间爱你，难道不该得到你的尊重？"

我当时被感动得泪眼婆娑！同时也明白了一个道理：尊严和尊重，要靠自己去赢得。正如美国苹果公司联合创始人史蒂夫·乔布斯所说："回首时才发现，人生是由一个个看似不相干的点连接而成。"在人生的那一个点上，我坚持了勤奋、独立、自尊。或许处于叛逆期的巧克力妹妹当时未必接受，将来在人生的某一个节点上，娇稚的小女孩一定会想起妈妈为她树立过的榜样！

我在地球这一端思念你

解决了初到美国的一系列问题后，我开始喜欢上"长青州"善良幽默的人们和宁静丰茂的针叶林。阳光灿烂的下午，放学回家后，吃一杯杏仁碎香蕉冰淇淋，躺进苹果树下的吊床里，看图书馆里借的小说。有时，几只小鹿会从森林边缘走来，轻盈地跃过栅栏，在我的面前，低头吃地上的苹果。小鹿的睫毛很长，眼神很温柔，在斑斓的阳光中，有梦幻的色彩。那是美国留给我的最美的印象。可是，对巧克力妹妹的思念，却总是会跳出来，把我拉回到现实。

周末的时候，美国房东常带我出去玩。在森林里野营、射击和打猎是他们最喜欢的活动。美国阿姨送给我一把银色袖珍手枪。我很得意，每天都带着它，但一次都没派上用场，这个地区安全得门钥匙都放在门前地垫下，在超市买东西不必关车窗。那一天，小侄儿们也一起去了，三岁的小侄儿安德鲁，在爸爸的指导下，用小小的BB枪准确地射中枪靶。我看着欢呼雀跃的小安德鲁，想到和他同龄的巧克力妹妹，没有妈妈的她，该是何等孤单啊？我刚刚感受到的兴奋愉悦突然烟消云散，呆呆地站在热闹的朋友中，喉头哽着一团苦涩，心中死寂。

圣诞节，我去佛罗里达姐姐家度假。姐姐看我狼吞虎咽吃龙虾的样子，幽幽地叹口气："要是我们巧克力妹妹也在就好了！"

初夏时，和姐姐去黄石公园。尚未进入旺季的国家公园安静祥和，野牛妈妈带着宝宝过马路，灰熊妈妈带着宝宝觅食，驼鹿妈妈带着宝宝吃草，白头秃鹰在高空滑翔，嘴里衔着哺育幼雏的食物。

是的，美国生活给我展示了一个不一样的世界！可每当处于极度惊喜、畅享欢乐时，我一定会乐极生悲，眼泪与鼻涕齐流，鼻子和喉咙共酸：良辰美景，没有你，堪与谁诉？

妈妈错了，我曾以为自由是一个人随心所欲走天涯，无拘无束看世界，嬉笑怒骂肆意挥洒青春；妈妈错了，人生是回不去的单行道，自从生命中有了你，了无牵挂再无可能。你从来没主动要求来到人世间。既然邀请你来，那我们就必须好好爱你善待你。有了你，没心没肺的妈妈的B-612小星球上开出最娇美的玫瑰，我"驯养"了你，你也"驯养"了我。

我终于明白，宝贝，你不是累赘，你是我生命中的礼物，是上帝的恩赐。我发誓，在你没有长大成年的岁月里，再也不离开你。我要紧紧牵着你的小手，登世界最高的山，游最深的海，看日出日落，阅尽世间美景。我依然是自由呼吸的QQ小姐，但后面必须加上"巧克力妹妹"。

离开家这一年，我最大的收获，是明白了家的意义。离开你之后的残缺感，指引我找到了回家的路。

回家，重新开始做妈妈

学年结束，告别学生，告别同事，告别校长，告别这一年里我生活中的每一个人，他们是我美国记忆中生动美好的组成部分。

告别朋友时，我给每个朋友画了一幅配工整小楷的工笔画，而朋友们的礼物让我汗颜，觉得自己空手套白狼骗了无数真情和礼物：半年织就的被子，美国爸爸的战士身份牌和为海军陆战队立功的勋章，全套美国核心通识教材，"小木屋"系列丛书和作者罗兰·英格斯·怀德的传记和她家的菜谱，送给巧克力妹妹多得不计其数的书……美国哥哥用每年100磅联邦快递国际免费快递的福利，帮我把两大箱礼物寄回中国。美国人，以特有的方式告诉我，"浑身燃烧"的中国小姐，我们永远欢迎你回家！

我一边哭，一边继续着该走的路。途经西雅图、纽约、阿拉斯加、首尔和北京，颠沛流离半个月后，漫漫回家路的终点是午夜江城。啊，我亲爱的重庆，我回来了！

我迫不及待地扑到巧克力妹妹的小床上，亲她肉嘟嘟的小脸。她睡得很熟，被我弄得不舒服，小胖腿一扬，重重踢在我腰上，痛得我惨叫连连，之后出现好大一块瘀青。分别整整一年，巧克力妹妹已经三岁零八个月，力气长了不少。外婆既好笑又好气，提醒我："小心点，你女儿现在脾气火爆得很，睡觉时是危险人物，把我们都踢伤过！"或许这是巧克力妹妹对我不负责任的惩罚。

忍呀忍，等呀等，天终于亮了。我再次爬到巧克力妹妹床上，从背后小心翼翼抱住她，无比亲热："臭宝香宝心肝宝宝脚趾头宝宝，睁开你的眼睛，看看谁回来啦！"她蠕动着身体，蹦出两个晨屁，不耐烦地扭动身体以反抗我对她的挤压。终于不堪其扰，巧克力妹妹醒啦，坏脾气的小孩发出不喜欢被抱的吼吼声，扭头一看，奶声奶气地哭："你是谁呀？怎么在我床上？外婆外婆外婆外婆外婆我的外婆呀……"

那一瞬间，我泪如雨下，怀胎九月，母乳半载，抵不过这冷冰冰的太平洋一隔！我狠心离开嗷嗷待哺的孩子，无数人谴责我自私、任性，对孩子不负责任。可是，回想起离开这一年我获得的和失去的，我依旧固执地认为我做了一个最错误却也是最正确的决定。

我很感激自己的任性，感激这一年我和孩子彼此的缺席。因为失去过，才懂得后悔与渴望的味道。重新获得时，才会更加虔诚和珍惜。

我愧疚又孤独的时候，曾去教堂找神父。他微笑着鼓励我："孩子，天父鼓励我们勤奋学习，鼓励我们放弃私利，把满腔热情投入想做的事业里去。学习和行动是接近真神的唯一途径。你要好好学习不一样的语言和文化，传播来自东方的伟大精神。遵行天父的指示，你的生命会变成奇妙的旅程，会丰足有余。"美国房东爸爸弗雷德告诉我，命运偏爱勇者，反馈是一件了不起的本事。

我获得的这一切，我会竭尽所能地教给我的孩子。我想，我和她短暂的错过，是为了更有品质的重逢。

巧克力妹妹对我的抵触并没有让我失去信心，相反，我踌躇满志，你尚年少，我并未老，从现在开始，一切都是刚刚好。

做妈妈，我从头开始！

穿上隐形战袍

离开的这一年，巧克力妹妹的性格越发内向害羞。

我第一次去幼儿园接孩子，人山人海中，那个孤单的小人儿看见我的一瞬间，眼中闪过一丝惊喜。我牵着她嫩嫩的手指，回家路上和她聊天。我没有主动抱她，她也没有提出要求，只是乖乖地跟着我走。她话很少，口齿不很清楚，略带外婆的乡音。

回到家后，巧克力妹妹面无表情地把小书包递给外公，默默地爬上沙发，打开电视，眼睛直勾勾看着电视里的天线宝宝，散发出幼儿无知无觉的纯真迟钝。

我静静地坐在她身边，没说话，这个小人儿温软的身体却主动靠了过来，她的眼睛还是专注地看着电视。我的眼里只有这个弱小的孩子，心里满满全是愧疚：上一次，妈妈自己还是没长大的任性女孩，请原谅妈妈的离开；这一次，妈妈再也不会离开你，妈妈想再孕育你一次，用尽所有能量。

第二天，我早早起床，给巧克力妹妹穿上白色棉布T恤和牛仔背带裙，别上黄色小发卡，背上小书包——里面有一套小衣服，万一尿床或者运动出汗，可以救急，装束很可爱，巧克力妹妹很开心。

因昨夜的雨，夏天清晨的空气特别清新。街边的小叶榕垂下长长的胡须，错落枝叶间，初升的太阳投下一缕缕斜斜的金光。

我牵着小人儿的手，沿着熟悉的街道，向幼儿园走去。遇到邻居张婆婆买油条回来，我微笑地打招呼："婆婆早！"巧克力妹妹也学着我奶着声音："婆婆早！"我和保安叔叔聊两句："今天不热，天气好！"巧克力妹妹也脆脆地说："天气真好！"一路上遇到很多熟人，问我："回来了？"我一律笑呵呵回答："回来了！"巧克力妹妹满意地重复："我妈妈回来了！"

暖色的朝阳把我们的影子投在路上，一长一短，手牵着手，两个人的心，仿佛渐渐在一起了。妈妈和孩子的感情，或许是这个世界上，最无法割舍的，无论分别多久，无论距离多远。

从这天开始，我接送巧克力妹妹上下学，七年从未间断，风雨无阻。每天放学，喜欢安静的我和巧克力妹妹约好，在斜巷的第一个转角处。那时候，我的手上总不忘记拿着好东西，水果呀，卤肉呀，巧克力呀，麻辣小面呀，土家酱香饼呀，刚刚放学的孩子肚子饿着呢！巧克力妹妹的小身影准时地出现在转角处，欢呼雀跃地扑向我怀里，像带着光而来的天使。

我是中学英语老师，工作很忙，要上早自习和晚自习。我花了很多时间去陪伴别人的孩子成长，但也不会错过自己孩子的每一个重要时刻。这七年，我所有的时间都用到"妈妈"和"班妈妈"两个工作上了。从那个刁蛮任性的女孩，到尽职尽力的妈妈，兢兢业业的老师，我觉得自己做得很好。可是，心底总有隐隐的不甘和遗憾、我丢失了什么？我常常在夜深人静的时候问自己。

终于，那一天，我一口气整理完巧克力妹妹好几年的日记。答案呼之欲出，我终于不再逃避、不再欺骗自己，我墨守成规地扮演着世俗既定的好妈妈形象，却丢失了真实的自己，丢失了那个勇敢、自由不羁的灵魂。

童年很短，人生很长，现在出发，为时未晚

我曾经很幼稚，以为自由就是一个人走在路上。所以我抛弃一切，只为追求梦想。

我曾经很着急，怕我的孩子先天太弱，输在起跑线上。所以我尽其所能让她拼命地学，拼命地长。

巧克力妹妹的日记，让我想通一个道理，相聚很少，分别很长；童年很短，人生很长。

我都还没抱够她，她就会走路了；我那么喜欢牵她的小手，她却急着挣脱，想要奔跑。

和所有生命一样，儿女的壮大意味着父母的衰亡。父母子女，此消彼长。父母子女的爱注定是以分别为目的。我何必推着她催着她离开呢？

所以，我的宝贝，从现在开始，不要急，你慢慢长，我慢慢养。

我要牵着你的手，且行且珍惜，边走边欣赏。

我没有很多钱，也没有很多时间，但我会竭尽所能，要给你一个回忆起来满是幸福的童年。我要和你一起，读万卷书，行万里路！

再见了，课外班；世界，我们来啦。

巧克力妹妹的日记节选（4～7岁）

森林的声音

今天，我们穿着雨衣去森林里散步。

妈妈请我闭上眼睛，听森林的声音。

我听到雨水落在树叶上，我听到风吹得森林沙沙响。

森林的声音真好听，比汽车喇叭好听。

为赋新词强说愁

我六岁时，去了上海金茂大厦。金茂大厦特别高，在我眼里和珠穆朗玛峰一样高，我就忍不住发出感慨，写了一首诗：

《题金茂大厦》

高高像珠峰，电梯快如马。

走近看一看，巍巍八十八。

爸妈听了觉得我写得不错。因为这段时间我背了很多唐诗，有时就想作诗。妈妈说："熟读唐诗三百首，不会作诗也会吟。"

我解释一下："高高像珠峰"就是像很高的珠穆朗玛峰，"电梯快如马"是电梯上升的速度像奔马一样快，"巍巍八十八"是金茂大厦有八十八层，看起来很巍峨。妈妈的忘年交胡爷爷说，我的这首诗让他想起诗仙李白在七岁时写的那首《夜宿山寺》。

李白姓李，我也姓李，我会是他的后代吗？

后来有天晚上，妈妈去上晚自习，我送她到小区门口。她走了，我一个人站在那里，感到很孤独，抬头看见漆黑的天空，又写了一首诗，叫《题孤独》。

《题孤独》

风吹叶飘飘，心感孤独绝。

两边街道人，夜空无星月。

我刚写完，老爸就下班了。老爸一听我的诗，哈哈大笑起来，说我写诗太有天分了，真不愧是李白的后代。妈妈下班回来听了我的诗，也哈哈大笑，说我太可爱了。她给办公室的晓琴阿姨读了我的诗后，阿姨评价"少年不识愁滋味，为赋新词强说愁"。

▸ 故事爸爸和故事妈妈

爸爸很厉害，他掉了头发的脑袋里有讲不完的故事。他爱讲中国故事和冒险故事。他把《史记》《资治通鉴》和《三国演义》编成很多小故事，爬山时讲，散步时讲，坐车时讲。爸爸还给我讲过一只叫白牙的狗狗的成长故事，讲了很久很久。我叫他"故事爸爸"。

妈妈讲外国故事。《小鸡卡梅拉》《查理和巧克力工厂》《秘密花园》和

《绿山墙的安妮》，是我最喜欢的。暑假的中午，我睡不着觉，就去妈妈的大床上把她闹醒。她很不高兴，又拿我没办法，于是开始讲故事。我想去瑞士的阿尔卑斯山，那里有一个小女孩，叫海蒂，和我一样大，刚刚五岁。海蒂的爷爷很凶，心肠却好。妈妈说有的人看起来凶，但有金子般的心；有的人在笑，可心肠是坏的。爸爸就是那样，他骂我的时候，眼睛都在笑。妈妈最喜欢《大森林里的小木屋》，她觉得我像淘气的小女孩罗兰，罗兰和我一样大，但罗兰会做很多家务活。有时候，妈妈讲着讲着忘了我在听，自己看得有趣忘了讲。

我很喜欢听爸爸妈妈讲故事。可是大人希望我学认字，说认了字就可以看好多的书。认字很难，我学不会。我怕幼儿园老师生气，就把故事背下来讲给老师听。我这样讲给妈妈听，妈妈很快发现我在背。但她只是笑笑。

自由地跳

今天，我哭得可伤心了。

外公带我去舞蹈班。老师很凶，她说我练功时偷懒，没好好压腿。老师坐在我屁股上。好痛呀！

我不想上舞蹈班。跳舞很好看，我喜欢。但是我不想上舞蹈班，我想自由地跳。

自由地唱

我们不喜欢上声乐课，声乐课的老师很凶。淇淇，甜甜、涵涵和我，我们四个小孩决定要反抗。大人们最坏了，老把我们丢进各种各样的课外班，她们就约着出去逛街吃东西。

回家路上，我们按照年龄大小轮流哭了一遍，然后又按年龄小大再哭一遍，最后我们一起哭。

我说我不想唱歌。

妈妈很生气，她最讨厌我哭得一张脸上只剩一张圆圆的大嘴巴。但在街上，她忍住没发火。妈妈说："我知道，你只想自由地唱！"

可是，我真的只想自由地唱。

回家后，妈妈和我坐在小板凳上谈了很久。她让我自己决定，到底喜欢干什么？她实在忍无可忍了，因为小孩不能从小就学会半途而废。她让我自己选择：学还是不学？学什么？这次选了就不许变卦。

我选了画画和游泳，并且答应了妈妈我会坚持下去。我喜欢画画，范老师允许我们自由地画，而且老是笑眯眯地叫我们"宝贝"；我喜欢游泳，冯教练昨天还给我吃了火腿肠，表扬我打水有进步。

我和妈妈拉了钩发了誓。

淇淇，甜甜和涵涵都输了，她们还要继续上声乐课。

只有我一个人成功了。我觉得妈妈难过时，我也有点难过。我是不是太调皮了？以后我要乖一点，不要老惹她生气。妈妈笑起来很好看，皱起眉头有点可怜。我喜欢妈妈笑起来的样子。

妈妈后来找我道歉。她恭喜我有了自己的思想，说我现在是大小孩。她以后会尊重我的选择。

妈妈征求我的意见。她说不想送我去那么多课外班了。干脆，我们去旅游吧！她告诉我，她想陪我行万里路，讲万卷书！

我很开心！我想行万里路，听爸爸妈妈讲万卷书！

尼泊尔

——喜马拉雅壮丽之旅

（2011年暑假）

　　这是我和九岁女儿的第一次心灵之旅。重庆—成都—康定—稻城—亚丁—香格里拉—丽江—大理—楚雄—昆明—尼泊尔加德满都—博卡拉—奇特旺—拉萨—日喀则—定日—珠峰，共50天，两个人的花费接近三万元人民币。壮美的雪山莽原，朴实热情的原住民，沿途遇上的浪漫可爱的旅伴，面对困难时的乐观精神，是我们最大的收获。该路线食宿不是很好，要有随遇而安的心态和中等偏上的体能。尼泊尔比较贫困，如果大家能充当志愿者，为当地孩子提供教育或者医疗援助，那你的旅行将更有意义。

　　旅途阅读书目：《走吧，张小砚》《尼泊尔的香气》《Lonely Planet的故事：当我们旅行》《仓央嘉措诗传》《藏地密码》《猫头鹰王国系列》《郑渊洁童话系列》《唐诗宋词精选》《于丹〈论语〉心得》《悟空传》《LP尼泊尔-孤独星球Lonely Planet旅行指南系列：尼泊尔（第二版）》

在美国工作时，弗雷德爸爸拿出世界地图，数他去过的国家——118个！他把那张地图送给我，并且对我说："你这么年轻，试一试能在地图上留下多少脚印。"他在我心中播下了旅行的种子。

后来，我无意中在图书馆看到一本书，叫《Lonely Planet的故事：当我们旅行》。书中写道，1972年，22岁的爱尔兰女孩莫琳和26岁的英国男孩托尼相遇了。他们决定在工作和成家之前，先看一看外面的世界。他们支付不起昂贵的旅游团费，就花72英镑买了一辆破得不能再破的旧车，计划用最少的预算穿越欧亚大陆。从伦敦到新加坡，他们兜里只剩下27便士，靠着给海船打工，终于抵达澳大利亚。周围的人对他们的经历非常感兴趣，不断地向他们咨询。于是，莫琳开始写旅游攻略，托尼手绘地图，借朋友的印刷机印了他们的第一本书《穷游亚洲》。后来，他们创立了孤独星球这个世界最大的私人旅行指南出版商，《穷游亚洲》也成为《孤独星球》自助游手册系列这个庞大帝国崛起的第一步。莫琳鼓励全世界有强烈好奇心但迈不出第一步的人：当你下定决心准备出发时，最困难的时刻已经过去了。那么出发吧！

我深受触动，于是挎着奶粉和奶瓶，背着《三字经》《讲不完的故事》，抱着巧克力妹妹，跟跟跄跄地上路了。刚开始，我们只是探索中国，没想到越走越远，再也停不下来了。

尽管平时工作忙碌，但每年我和女儿有长达三个月的假期。我戒掉了逛街的习惯，过起了朴素的日常生活，省下钱去旅行。

2011年暑假，我决定带女儿开始人生第一次为期50天的壮游，目的地——喜马拉雅山。同时，我们希望成为志愿者，为当地人做点事。怀揣家中仅有的三万元积蓄，我们走向未知。

与旅伴意外分别

我和巧克力妹妹的人生第一次壮游，伙伴是四个老外：保拉、克里斯、凯文和安迪。

保拉和克里斯是一对夫妻，是我在美国认识的朋友。子女成年后，他们没有了牵挂和负担，决定牵手看世界。2010年他们来到中国，生活了一年。我们一起在长城露营，在石梅湾漫步，在恩施大峡谷被淋成落汤鸡。除了到处游玩，他们还当起了志愿者，参与中国乡村的教育。

我把我们暑假旅行的计划告诉了他们，问他们愿不愿意和我们一起去看看美丽的中国，保拉和克里斯欣然同意。

后来，另外一对外国朋友凯文和安迪也加入了我们的队伍。凯文原来是电气工程师，有一天他看着已成年的孩子们的照片，再看看自己工作十几年的公司，突然想换一种活法。他对在教堂工作的妻子安迪说想环游世界，孩子气的安迪立刻放下手中的事。两人辞去工作，说走就走。他们已离家16个月，游历了17个国家。听说我们的计划，他们决定加入。

本来是两个人的出游，最后变成了六个人的大队伍。

保拉和克里斯专程从美国飞到重庆，凯文和安迪从约旦赶来，颇费周折地续签签证，策划西藏之行。我们顶着烈日买火车票、订机票、买高原药、订青年旅社、做攻略……每个人都付出了大量时间、金钱和热情。然而，谁也没想到，我们刚刚出发，就被迫分别在二郎山。

临近出发，成都下起了暴雨，来自亲戚朋友的"恐吓"越来越多：

"汶川路又断啰！你们现在去成都看海呀！"

"现在318国道很危险，怕塌方哟！"

……

我表面上打哈哈，其实心里在打鼓。第一次带孩子走这么久，全是艰险路线，天气还不好。

后来保拉建议："我们先去成都，走一段看一段。实在不安全掉头就是。"

好！即使暴雨留给成都一片汪洋，那我们不妨去看海！

我们穿着有点旧的凉鞋，脖子上挂着卡片机，就这样出发了！

一行六人背着巨大的背包，从重庆坐动车去成都，再坐汽车去康定。

成都到雅安，走高速，路况极好。眼见地貌渐变，郁郁葱葱的大山起伏着闯入我们的视野，心情渐渐愉悦。车过雅安，见到茶马古道挑夫雕塑群，我兴致勃勃地给大家讲这条古老的南方丝绸之路。我们即将进入中国最神秘迷人的地区！

在雅安停车吃便餐，我去打听路况。老板娘说："泸定堵死了，昨天的车今天都没出来！"我的心情有点紧张，可是再往前走，还是一路畅通，雄壮的二郎山让我们恢复了兴致。我冒充导游，说二郎山隧道号称"阴阳隧道"——进隧道时艳阳高照，出隧道时倾盆大雨。大家都很期待，想验证所言非虚。

好不容易挨到出口，天气和入口一模一样。大伙齐笑。笑声未停，车突然停下，一位女警察上车，请所有外国游客下车。女警察说："前面山体塌方，为了安全起见，所有外国游客必须坐我们的车，原路返回成都。"我软磨硬泡，警察毫不松口。我向窗外一看，满满四辆大巴上全是愁眉苦脸的老外。我们的司机急着赶路，催促我们赶快下车。再说无益，我们只好下车取行李。女警察补充道："我们的车只接送外宾，你回去可以，但一要看车里有没有空余的位置，二是你必须付车费。"

保拉坚持让我和巧克力妹妹继续前行，她帮我把行李重新拎回车上，紧紧抱住我们告别："一路平安！我们在美国等你们！爱你们！走吧女孩们！"我们回到车上，周围乘客问发生了什么，我哭得说不出话来。

看着他们的身影越来越小，我想到这是我们在中国见的最后一面，心中更加悲伤。他们再无机会见到梦寐以求的藏地风光，终不能在藏民家中住一宿……剩下的路，只能我和巧克力妹妹互相依靠，独力完成。

26天时间，我们途经川藏线、滇藏线，沿途风光无限，却又惊险重重，康定暴雨塌方，稻城车祸巧克力妹妹受伤，雪狼子客栈我被狼狗咬伤，在大理双廊在楚雄深夜差点露宿街头……每当有人问我，旅行最美好的部分是什么？我从不犹豫："人！无私相助，不求回报，性格各异，内心温暖的朋友们！"

在国内旅行的经历也非常精彩。但本书我将着重讲国外旅行的故事。请各位跟随我们的脚步，进入第一个风情独特的国家——尼泊尔。

加德满都的香气

初识尼泊尔

在昆明巫家坝机场，我们与阿捷安妮母女会合。阿捷是我们的邻居、朋友，也是巧克力妹妹学校的语文老师。她是我见过最爱孩子的老师之一。在旁人看来，阿捷有点"不接地气"，她清晨五点起床看书，规划下学期的课，数十年如一日坚持写和家长共享的教学日志，她是中国基层教育珍贵的火种。阿捷说，每天都很累，但面对孩子时，她"因为懂得，所以慈悲"。她和女儿安妮，书看得多，很少出门和运动。几个月前，阿捷问我假期安排，我说想带女儿来一次"喜马拉雅壮丽之旅"，她毫不犹豫地说："一个假期我们怕坚持不下来，中途加入一段可好？"我们说好在昆明机场会合，一起去尼泊尔。

阿捷和安妮没出过国，激动得晚上睡不着觉，早上七点就到机场，选了据说可以看珠峰的座位。

在飞机上坐了两个多小时，广播说飞机开始降落。我们大吃一惊，不是说飞机要过珠峰吗？连忙和乘务员打听，我们被告知只有拉萨起飞的飞机才过珠峰。我们大失所望，暗下决心，回来飞拉萨，一定要坐左边的位置。世界之巅，我们多希望一睹你的风采呀！

终于到了尼泊尔，加德满都国际机场，居然是可爱的红砖平房，像20世纪80年代中国县城的公交车站。机场所有广告牌都以珠峰为背景，写着"欢迎到尼泊尔，欢迎到珠峰"。我们又兴奋起来，喜马拉雅山的王国，我们来了！

我看过一本书《尼泊尔的香气》，书中介绍加德满都的泰美尔有前木斯塘王朝国王修的酒店——木斯塘假日酒店。国王的酒店，这个头衔很打动我。上网一查，价格不贵，豪华单间含税25美元，提供免费接机。我在网上预订，不用定金，只需输入护照号和航班号即可。

我们有签证，在Visa信用卡柜台排队。把填好的入境卡交给海关大伯，他眯眼看了看，对我们强调只能待30天，然后双手合十，祝我们"那巴斯特（Namaste）"。整个过程相当顺利！中尼友谊万岁！

隔着玻璃窗，一个长相颇具南亚特点的中年男子手举着写有我名字的牌子。没想到木斯塘假日酒店的老板亲自来接我们，令我们惊讶的还有，尼泊尔的司机有的靠右行驶，有的靠左行驶。

进入加德满都，仿佛回到中国改革开放初期，低矮的砖房，拥挤狭窄的街道，肮脏的河流，嘈杂的市区，尘封的街边百货商店。我从反光镜中瞥见自己——一个头发散乱的中国女子，嘴巴张成O形，目瞪口呆地望着车外光怪陆离的一切，一见骑摩托额头涂红点身穿鲜艳纱丽的美女，立刻眉开眼笑，挥手打招呼。

来之前就了解到，富饶、群山环绕的加德满都山谷是尼泊尔的历史文化中心。从很多方面，可以说，加德满都就是尼泊尔。

经过博物馆，传说中的加德满都中心区域泰美尔到了。果然和网上介绍的一模一样，人、自行车、摩托车和长安铃木轿车挤得水泄不通；一家接一家的户外品牌高仿店，唐卡店，帕什米尔羊绒披肩店，艳丽无比的纱丽店，倒腾货币的小商铺比比皆是；友好的微笑，卷着舌头的英语，好一个人间百相。

车驶进安静的小巷，有点古意的门后就是木斯塘假日酒店。没有想象中皇室的巨大草坪，代以植被茂盛的小巧庭院。大堂较陈旧，空气中有发霉的味道。房间大而安静，带露台，一张双人床和一张儿童床，马桶没法冲水，热水器放出的水有股怪味。国王的酒店和我的期待出入很大，幸亏有意外惊喜——窗外有很多鸽子、乌鸦和老鹰，它们密密麻麻地停在屋顶上，而露台就是绝佳观鸟点。巧克力妹妹在阳台上流连，一不小心差点被鸟儿"偷袭"。

安顿下来之后，我们出去吃饭，顺便物色明晚的住处。穿过迷宫般的小巷，我瞥见一家青年旅舍，蓝色的三角形标志给身在异国他乡的我们温暖安全的感觉。标间10美元，24小时热水，独立卫生间，免费WiFi，两张床（一大一小），公用阳台。而且马桶是好的，热水无异味，我们立刻定下明晚的房间。

青年旅舍楼下有家尼泊尔小伙开的餐厅。孩子们开开心心点菜。巧克力妹妹点了胡椒牛排，安妮吃鸡肉披萨，我和阿捷仿照邻桌大叔，点尼泊尔蔬菜肉类混合炒饭，每人一杯鲜榨果汁。味道不错，分量十足。

吃完饭后，我们在附近闲逛。买了手工刺绣的T恤，棉布质量不好，但可以自由设计图案。我们选了洞察一切的佛眼和白雪皑皑的珠峰。

泰美尔满大街的户外用品几乎都是高仿店，只有靠近美国大使馆的几家是正品，价格比国内便宜。我们给两个小女孩各买了一件天蓝冲锋衣。这件在珠峰脚下添置的战袍，成为巧克力妹妹每次远征的"标配"。

巧克力妹妹对瑞香纸笔记本情有独钟，这种产于藏地和尼泊尔的纸品制作工艺复杂，纸张质感古朴典雅，做成灯笼和笔记本后，有一种东方的神秘香气。不过这么精美的笔记本，就算买了，她也舍不得用。

我们的脚步停在披肩店。在加德满都，公然出售普通的机织羊绒。最常见的品牌是帕什米纳，顶级的"戒指绒"围巾可从小小戒指中轻松穿过，重量只有30克，却能抵抗零下30℃的苦寒，这些羊绒来自濒临灭绝的藏羚羊，是它们在可可西里高原御寒的皮肤。在这里，一条价值5000元人民币的藏羚羊绒披肩，在中国大陆和欧洲就能卖到几万元。有的游客到尼泊尔不为旅游，而是拉着大箱子在披肩店的最深处，和店主秘密交易。不仅在尼泊尔，在全世界，藏羚羊绒交易都是违法的。万能的佛眼，请守护世人的良心，守护可可西里那些美丽的精灵！

逛了很久，我们的腿像灌了铅，本想在回去前找家超市，买些新鲜的牛奶，可是偌大的首都找不到一家像样的超市，也买不到新鲜牛奶给孩子们喝。

夜黑了，人潮退去，湿润的空气中有浓浓的檀香味。加德满都有馥郁的芳香，在泰美尔买的抓绒睡袋，一直用佛香伴我们入睡。

晚安！加德满都！

佛的慧眼

一夜好梦。迷糊中听到窸窣声，睁眼一看，巧克力妹妹穿戴齐整，背着小包正要出门。这个小懒虫今天怎么这么勤快啦？她笑着说："我早醒了，去阳台观了好久的鸟，打算下楼玩！"这个小家伙，胆子真不小，异国他乡也敢乱跑！

今天，我们计划冒雨去猴庙。和司机一番讨价还价，以150卢比（14元人民币）成交。在尼泊尔，很多地方都能讨价还价。

猴庙正名斯瓦扬布纳寺，是亚洲最古老的佛教圣迹，修于1700年前，意为"自体发光"。相传原始七佛中的毗婆尸佛曾在此处投下一支藕根，预言将会长出发光莲花，湖水变成富饶国土。斯瓦扬布纳寺所在位置，便是毗婆尸佛种莲处。释迦牟尼的足迹也曾到这里。山坡东面的台阶旁，至今保留有文殊师利菩萨的脚印。藏传密教莲花生大师和阿底峡等数度驻足于此。公元13世纪，该地成为佛教中心。

抬头见无穷无尽的阶梯通向山顶雨雾中模糊的建筑。我们倒吸一口冷气！转念一想，朝圣要有诚意，劳其筋骨才能净化心灵，所以圣迹所在地多路途艰辛。那就攀登吧！石梯的起点，是佛陀的巨大脚印。朝拜的市民虔诚匍匐，用额头触摸脚印。脚印上有红色颜料，人们蘸取涂在双眉间，叫"点提卡"，是来自神佛的赐福。

七月是尼泊尔雨季，游客极少。拾级上山途中，清冷的雨里，唯见目光威严的猴子和静静伫立的乞丐。尼泊尔的动物和人和平相处，猴子很文明，你不向它们出示食物，它们就像王者般有气度地四下逡巡。乞丐会来乞讨，但并不勉强。尼泊尔治安很好，我们在这个国家待了18天，没听说过失窃、抢劫或偷盗的事。这里的老百姓浪漫多情、天赋灵性、简单快乐，都给我留下了深刻的印象。

到达山顶，进入猴庙。抬头一瞬，我看到了佛的慧眼。高高的金色塔身，四面有巨大的佛眼俯视众生。佛眼有情，每个人和它对视都会产生不同的共鸣。贪嗔痴疑的人，看到警示；忧伤凄凉的人，看到悲悯；快乐平和的人，看到认可和赞许。一千多年来，在加德满都的制高点，佛的慧眼就这样佑护着他的信民。

我独自仰望着佛，阿捷和一个美丽的当地少女用不同的语言"聊天"，她看上了人家那条精致的纱丽；安妮和巧克力妹妹与悠闲的野狗和淡定的猴子玩成一片。儿童和动物，也有共同语言。

猴庙附近，建筑物和摊贩非常密集。现在不是节日，再加上大雨瓢泼，游人寥寥，猴庙相当清净，摊贩也不揽客。

在许愿池边，我买了很多从圣水里打捞起来的硬币。别人买来投进池里许愿，我当作礼物送给学生。

离开猴庙时，我们在马路上看见很多鸽子和羊，见人不躲不让，自然和谐。也许因为它们从没遭受来自人类的伤害，所以来自远祖的基因告诉它们两腿直立的动物不可怕，是友善的邻居。

糊里糊涂被请进美国大使馆

下午，我们步行去博物馆。在泰美尔最大的十字路口，红灯亮起，浩浩荡荡的摩托车列阵停下，宛如庞大的骑士军团。即使在我们的家乡中国"摩托之都"重庆，也从没见过如此阵势。

快门连闪，我和阿捷眼明手快地捕捉着动态的街道。

对面有持枪的士兵朝我们打手势。我不懂，拉巧克力妹妹就走，希望在博物馆闭馆前赶到。行人提醒，士兵请我们过去。我们面面相觑，不想搭理，明天去博卡拉，走之前我们还想看木斯塘王朝博物馆。

大事不好，士兵迎面跑来，拦住去路，用英语说："请你们去对面美国大使馆，有重要事情调查。"

为什么要去美国大使馆？守法公民有人身自由，我坚决不去，声明赶时间。

士兵伸手拦住去路，诚恳地说："小姐，您必须跟我们进大使馆，也许只需几分钟。如您实在不配合，我们只能采取强制行动！"

我突然想起什么，随即问道："是不是我们刚才拍照有问题？我们不知道对面是美国大使馆，只是拍街上的摩托车。我们可以删掉那几张照片，但请不要浪费我们宝贵的时间。我们只是普通游客，你看，还有孩子！"士兵不正面回答，坚持要求我们去大使馆。

就这样，我们被迫来到美国驻加德满都大使馆。孩子们惴惴不安。阿捷有些兴奋，她悄悄对我说："见识一下美国大使馆里面也是难得的经历，有意思！"

士兵带我们进小房间，进门时一对中国夫妇出来，阿捷像搞地下情报工作般悄悄问："情况怎样？"那位先生说："没关系，登记一下个人信息，删掉照片就完事了，别紧张！"我忍不住好笑，这个房间看来专门负责"捉拿""审讯"在使馆附近拍照的游客。

坐下后，两个英俊的尼泊尔青年男子先致歉，希望我们花十几分钟时间配合工作。登记完所有个人信息后，继续追问更多私人信息。我有一种被冒犯的感觉，认真地告诉工作人员："我们是普通游客，不是间谍。美国我也去过，法律也了解一些。我配合你们提供如此多私人信息，但是心里很不乐意。如果你们不经许可，随意透露我们的私人信息，我一定会去中华人民共和国大使馆投诉你们。我的建议是，如果你们很介意被游客拍照，可以采取隔离使馆的措施，不让你们的建筑出现在公众视野里。"英俊的工作人员倒是彬彬有礼，并未介意我的冷嘲热讽，公事公办地拍照，删掉相关照片，并承诺对我们的私人信息严格保密。

被告知可以离开前，我问："你们一天要逮捕多少无辜游客？"他们笑："不一定，多的时候十几个，少的时候一两个！大多都没有您反应这么激烈！希望下次我们不要以这种方式见面！"

出了使馆，我们四个你看着我，我看着你，突然哈哈大笑起来，这个经历实在有趣！

博卡拉的呼唤

　　曾经看到有位网友这样描写对博卡拉的喜爱："如果退休的时候我可以选择一个城市旅居的话，我想我会选择博卡拉。这里很安静，包下一间面湖背山小旅馆的客房，看着湖光山色，看着金色雪山。待得厌倦了，出去徒步一圈或者漂流去加德满都看看那个繁华世界。"

　　我透过他的文字对博卡拉产生了向往。博卡拉是尼泊尔第二大城市，四面环山，安娜普尔纳山脉终年积雪，美丽的鱼尾峰倒映在费瓦湖里，秀丽奇特。湖边独具风格的餐馆和酒吧里传出欧美最流行的音乐。在费瓦湖泛舟，或租辆山地车去附近村庄转转，驱车去观喜马拉雅日出最好的地方——桑冉库特观日出，或沿世界顶级的路线徒步，都是不错的选择。

　　在加德满都玩够了，我们在青年旅舍买了第二天清晨开往博卡拉的车票，40元，车程8小时。旅舍老板说路上餐厅卫生状况不好，最好自己带点吃的。我们准备早起饱餐一顿，路上凑合吃干粮。但加德满都的生活很懒散，餐厅早上要8点后才营业。阿捷和我去和餐厅老板商量，可不可以付钱请他的厨师提前准备早餐。帅哥老板深情款款地看着我们说，厨师不会来这么早，但他可以来，亲自下厨，且钱不是问题，无需多给。不得不提，在尼泊尔女人一般在田里或家里干重活，年轻英俊的小伙出来外交，向外国女人献殷勤是每个帅哥的必备技能。道理我们都明白，可每当被含情脉脉的棕色眼睛凝视时，纵有多年修为，还是有些紧张。

睡到半夜，我隐约觉到巧克力妹妹爬起来，急匆匆跑向卫生间，在里面待了很久。我睡意顿减，起来看她。最担心的事发生了。小姑娘水土不服，上吐下泻。我劝她喝下藿香正气水和止泻药，抱着她微凉的身体睡下，心中很不安。明天漫长的一天汽车奔波，路程劳累，这可如何是好？后半夜巧克力妹妹睡得不安稳，黎明时她一个激灵坐起来，冲进浴室呕得翻天覆地，药全吐了出来。巧克力妹妹是有耐受力的孩子，她怕吵醒我，肚子疼反胃恶心，还是轻手轻脚，没叫过我一次。看着巧克力妹妹的小脸因脱水和缺乏睡眠，眼窝下陷，眼圈发黑，皮肤没了平时的健康光泽，我心疼不已，却又无计可施，这时，我突然想起妈妈说过，大蒜杀菌止泻，心里盘算等餐厅老板来，给她熬点蒜蓉蔬菜稀饭。

好不容易盼到老板开门声，我说明了情况，请求借用他的厨房熬点粥。他立刻答应，一边帮忙洗菜，一边说尼泊尔水质不好，雨季的水喝了易腹泻，做饭要用消毒净化后的水，外国人最好喝烧开的净化水。我们喝瓶装矿泉水，还是没躲过去。

早餐备好，粥盛进防漏杯中。我想巧克力妹妹凌晨吐成那样，早上肯定水米不进，所以粥是路餐。阿捷和安妮下楼，我们三个吃丰盛的西式营养早餐，巧克力妹妹坐在一边打蔫，喝了一点水和果汁，然后"哇"的一声，把胃里最后一点存货全部留在帅哥老板的门廊上。小伙子很贴心，急忙说没关系，让我们快走，他来收拾。我过意不去，塞给他200卢比小费，又多付了早餐钱，感谢他付出耐心和劳动，还贴心地送勺子方便我们路上喝粥。帅哥坚决不收小费，浓密睫毛下深情的眼睛，眯成迷人的凝视，反复强调欢迎我们从博卡拉回来后再来他的餐厅吃饭。

旅游车外观格外鲜艳，车里描画着佛像、莲花和菩提树。除前排坐几个尼泊尔人外，其余乘客一概是安静看书的金发碧眼的西方人和戴硕大耳机悄悄吃零食的亚洲人。阿捷前面的女子把座位往后一放，躺着听音乐，挤得丰满的阿捷喘不过气来。我几次委婉地提醒她把座椅调一下，但半小时后椅子又顺势倒下。瞬间阿捷的小宇宙爆发，本不会说英语的她脱口而出："座椅！不要放倒！"后来一路平安，椅背没有再越位。

车子盘旋在山间，道路崎岖狭窄，会车时双方不减速，车间距目测不过两三厘米，而道路的一侧是悬崖峭壁，时而还有突发的路面塌陷，仿佛天坑地缝般露出下面浊浪滚滚的翠苏里河，真是惊心动魄！我害怕极了，不敢再看，索性眼睛一闭睡了！在尼泊尔乘车挑战的是勇气和运气！

巧克力妹妹全程滴水不进，也滴水不漏（不如厕），老僧入定般面如死灰地静坐八小时。我愁云密布，完全感受不了阿捷和安妮的欣喜和好奇。

下午四点，骤雨初歇，菩提树下，印度苦行僧人寂静打坐。费瓦湖慵懒地舒展在传说中安娜普尔纳山峰（可惜云雾缭绕，山在云中不得见）的怀中，洁白的世界和平塔静谧地站立山头，雄鹰翻飞，翠绿的水田里衣着明艳的农妇专注地弯腰收割稻子。

博卡拉，我们如约而至。

美丽忧伤的博卡拉山谷

博卡拉，尼泊尔第二大城市，平均海拔884米，人口17.1万。1952年，第一个西方游客，瑞士探险家托尼·海格踏上这片神秘土地。20世纪70年代后，西方嬉皮士蜂拥而至。优美宁静的景色，低廉的物价，心地良善的当地人，丰富的大麻资源，博卡拉成为嬉皮士的天堂，西方自由颓废精神的入侵，在一定程度上改变了博卡拉的传统文化，造就我们现在看到的模样。

如果说加德满都是光怪陆离的花花世界，令人眼花缭乱；安静贫穷的博卡拉则像天生丽质的农妇，性情温婉，包容着外来的各色人等。超市里小摊上都是全英文标签的进口食品，湖边格调不俗的餐厅招待的主要是西方客人，披肩店和饰品店英俊的小伙说着带有明显尼泊尔口音的英语和汉语，满脸谄媚地招徕并不十分礼貌的客人……所有的迹象表明这是一个被外来文化殖民的地区。我多希望尼泊尔的孩子们坚守住本土文化，一个民族可以忍受战争的摧残和贫穷，但它一定要有文化自信，不能失去尊严。

旅游大巴刚停下，出租车司机就蜂拥而至，纷纷递过捏得汗巴巴的名片，争先恐后介绍客栈。我们以150卢比的价格找到一辆出租车，去北湖区香蕉花园客栈。这家家庭客栈赫赫有名，高居经济类客栈推荐榜第一，我在网上查过，作为这里最好、最干净的廉价客栈，有热情好客的主人和一个精心维护的花园。有两个公用卫生间，提供太阳能热水，还有尼泊尔家常风味的一日三餐。在加德满都的时候，一位英国姐姐倾情推荐这家，所以这里成为我们在博卡拉住宿的首选。

博卡拉街道很宽，街上人很少，在大街中央，菩提树长得亭亭如盖，牛和狗悠闲地趴在大路上，没有人去骚扰它们休息。穿着亚麻衣服的西方男子，蓄着长发，神态平静，空手赤足悠闲地走在街上、湖边和田野中，宛如修士。

出租车在烂路上颠簸十多分钟后，我看到路边香蕉花园客栈的招牌，大伙儿搬行李下车。我把不用的东西装了一包，寄存在加德满都的青年旅舍。巧克力妹妹一天不进食，神色委顿，但她坚持自己背包。

就这样，背着沉重的行李，我们四个人走进博卡拉的乡间田野，在田坎中穿行，向半山坡上的客栈走去，一路遇到几个金发碧眼手里拿书的老外，相对莞尔，感觉真奇妙。

踏进香蕉花园客栈的小院，两层小楼，庭院窄窄，种着藤蔓和蔷薇花科植物，花架下放几把随意的摇椅，一个红头发白皮肤的外国少年，正在专心看书。我叫了几声老板，狗儿激动地回应，老板却不出来。看书的德国少年抬头微笑，他说这家客栈不错，100卢布（约9元人民币）一晚，只有基本设施，客人很多，如无预订一定没有房间。他喜欢这里自由的氛围，已住了一个多月。

我和阿捷商量，我们要在博卡拉停留8天，所以我们期待更美好的居住环境。这里离湖太远，没有独立卫生间。我们正嘀咕着，老板下楼了。她英语不太好，我勉强听出房间没了，介绍我们去她小女儿家。

她小女儿家的楼房价是400卢比，没有花园和阳台，但二楼的房间可远望费瓦湖。我们觉得离我们的期望还是有差距，并不满意。小女儿就介绍我们去她大姐家。

大姐的英语是一家人中最好的。她说她家条件好，有几个院子，也有独立大阳台，在湖边，可看水也可看山，不过价格要贵很多，最便宜的房间也要600卢比。她建议先去看看，她老公开车来接我们。如不满意她会送我们去别处，付点车费就可以。

大门右边是一个大车库，左面是门房，中间有钓鱼女孩的雕像，雕像后面曲径通幽，小桥探过从庭院中穿过的小河，伸入第二层庭院。二层庭院更有意思，错落有致地生长着洁白的曼陀罗和木芙蓉，还有两个亭子点缀在池塘中。最妙的是亭子的对面还有第三层庭院，和新绿的稻田自然而然地交汇在一起，里面有摇椅、石桌和樱桃树。庭院外是小河稻田，白鹭翩飞，快乐的小孩子在河边戏水，稻田的尽头是费瓦湖，湖那边的青山映云霞。太美了！

房间的价格各异。一楼最便宜600卢比；二楼被几个英国人订完了；三楼中间的两个房间700卢比，尽头的两个房间分别为1200卢比和1500卢比（带私人大露台）。任意房间都有两扇窗，两张一大一小的床，沙发和卫生间，任意一扇窗外都是如诗如画的景色。

我们太喜欢这里了，立刻决定住下。为了节约开支，我们要700卢比的房间。在中国同等的风景区，十倍的价格也未必能住这样的房间。我们很知足！

　　帮巧克力妹妹洗漱换衣，劝她吃一点苹果后，她筋疲力尽地睡着了。打开门窗，室内光线充足，温度不高不低正适宜，没有蚊虫。我躺在沙发上看书，累了就看看窗外的云山苍苍，觉得人间极乐无外乎如此。

　　等巧克力妹妹醒来，我们下楼到亭子里吃饭。阿捷和我点了费瓦湖新鲜的烤鱼，浇着柠檬汁吃。巧克力妹妹点西红柿汤和烤土司。安妮点了披萨饼，这小姑娘有趣得很，自第一天在加德满都吃到合口味的披萨饼后，她就忠心耿耿地天天吃披萨饼，而且一直都吃鸡肉味的，整整吃了15天。所谓一岁见小，三岁见老，安妮一定是有所为有所不为的孩子，且对自己认定的东西不会怀疑。巧克力妹妹恰恰相反，她对于未知事物充满好奇心，喜欢探索，质疑一切，通过自己的探索去建构自己的世界。好奇害死猫，我非常谨慎地关注她，以免膨胀的好奇心会将她置身于危险境地。其实，孩子的精神性格何尝不是父母内心世界的再现？阿捷浪漫唯美有所坚持，对工作生活品质追求精益求精，在她的世界里长大的女儿自然执着自我；我率性懒散随遇而安，也影响了巧克力妹妹，随时拥抱变化和惊喜。

　　夕阳的余晖中，费瓦湖面金光闪烁，老鹰在低空盘旋。小河边，女孩们捶洗着床单衣物。瘦小的体型，姣好的面容，枯黄的头发，欢乐的笑声和无拘无束的歌声一阵阵地从那里传出。在尼泊尔，存在严重的重男轻女现象。农村女孩不能接受充分的教育，平均19岁就会嫁人。她们承担家庭中繁重的体力活，无节制地生育孩子，尼泊尔的婴儿死亡率很高，女人的寿命也很短。女人一日吃两餐，很多人终身不吃肉，固定的食谱是米饭豆汤和素菜烩。

　　客栈的老板娘知道我们要住8天，主动把房间升级为1200卢比的豪华间，因为博卡拉的热水器是太阳能，在雨季的七月供暖不足，豪华间有煤气热水器。

　　巧克力妹妹一沾枕头便沉沉睡去。

雨季的博卡拉之夜，风萧萧，雨淅沥，厨房里传来童工小女孩的笑声和歌声。巧克力妹妹气若游丝，让我的心中荡起了一阵凄凉。

今夜的博卡拉，有些悲伤。

泛舟费瓦湖

博卡拉为低山丘陵，河谷宽阔平坦，气候温暖湿润，降水丰沛，有明显的旱季和雨季，与中国广东气候类似。特别是博卡拉处于喜马拉雅山谷地，依偎在终年积雪的安娜普纳山峰和鱼尾峰下，傍着迷人的费瓦湖，苍翠繁茂的植被和壮丽的雪山风光形成强烈对比，成为尼泊尔最受欢迎的旅游地点之一。

我们选择了最不适合旅游的雨季。每天晚上淅淅沥沥的雨，覆盖着喜马拉雅山谷，有时上午雨会停，有时到正午天空还是一片阴霾。厚厚的云雾，严严实实地封锁着六座世界级的雪山。据当地人说，等七月雨季一过，北部安娜普尔纳山脉以及鱼尾峰映着费瓦湖的绝色风景随处可见。

真遗憾呀！可雨季有雨季的优点，人少，便宜，能得到大量帅哥献殷勤。

阿捷和安妮是百灵鸟，清晨六点准时起床。我和巧克力妹妹是猫头鹰，赖床赖到十点，饿得招架不住，穿着睡衣蓬头垢面下楼吃丰盛的西式早餐。安静深沉的睡眠让巧克力妹妹脸上有了一丝血色，她勉强喝一点酸奶，然后邀请在一旁耐心等候的乌鸦分享她的食物。乌鸦们欢喜地叼走了苹果，又回头抢夺麦片。眼神清澈的少女和从容淡定的飞鸟共进早餐，这一幕久久定格在我的脑海中。

吃饱喝足了，孩子们在亭子里写作业，我和阿捷看书上网喝咖啡。雨后的阳光不强烈，微风轻轻吹拂，空气异常清新。难怪博卡拉被评为世界上最宜居的城市。名不虚传！

午餐后，阿捷和安妮午睡，我和巧克力妹妹在湖光山色中继续看书写博客。一路走来，欠了好多博客没写，此时正好恶补。

下午四点，我们觉得无聊，便徒步去小镇。

孩子们嚷嚷着想划船。阿捷今天也开始水土不服，上吐下泻。她点了杯果汁，在岸边的夏威夷式树屋里等我们。我花200卢比（20元人民币）租了一艘小船和一个不会英语的船长。

安妮精力充沛，抢着划桨。巧克力妹妹病快快地躺在船上，脚垂进水里，惬意地望着蓝天白云，哼哼唧唧地唱歌。"船长"笑呵呵地看着我们，自说自话，我们一句听不懂。只盼时间静止，将我们凝固在这一刻——苍鹰、碧水、蓝天、白云、青山、白塔，亲如生命的巧克力妹妹和她活泼可爱的小友安妮。

划到湖对岸，和平塔的正下方，一眼看见了惊悚的蚂蟥餐厅，吓得我们掉头回去。在湖边餐厅吃了尼泊尔最难吃的一餐——硬得嚼不动的牛排，连狗都嫌弃的披萨饼和无法下咽的干硬手抓饭。

回到客栈，夜雨如约而至，还好有电。我在床上躺下，回味这神仙般的日子，博卡拉的第二天落幕了。

临时计划户外探险行程

半夜巧克力妹妹再度呕吐，天亮时却睡得死沉。我一夜担惊受怕，有些想回家，家里有我的医生妈妈。我们的签证有30天，原准备玩尽兴后走陆路从樟木回西藏，省钱又可饱览中尼公路旖旎风光。现在巧克力妹妹病得一塌糊涂，我怕她经不起连续两天跋山涉水的颠簸。我计划今天去买回拉萨的机票。

熬到巧克力妹妹醒来，小丫头说感觉还好，但依然不想吃东西。在我的再三劝说下，她答应喝点白米粥。下午，作业做完了，书看累了，午觉也醒了，我们决定出去走走。在镇上的旅行公司买了加德满都至拉萨的机票，我们母女共计705美元，比在国内买便宜。然后我走进一家滑翔伞公司，尼泊尔女经理年轻漂亮，在性别歧视如此严重的国家，看见女性主管，支持一下是必须的。我预订了85美元的滑翔伞项目。令人胆战心惊的是，在尼泊尔玩户外运动，套餐价中无保险，也不出售任何商业保险。隔壁漂流公司的英国姑娘告诉我们，尼泊尔是一个没有保险的国度，外国人得自己在网上购买商业保险。

玩户外运动，我是入门级，又不会在网上买保险。这样毫无保护地随风飞上天，没有机械没有发动机没有赔偿，万一摔下来那可是粉身碎骨呀。阿捷看我，我看巧克力妹妹，然后我问英国女孩出事的概率，她说很小，一年可能有一两起。阿捷说她不怕，她不怕那我也不怕。关键时刻，从不运动的阿捷坚定了我的决心。

我们又购买了从博卡拉沿色惕河漂流半日的路线。我本想漂流两天到奇特旺，可漂流公司的英国女孩说现在是雨季，河流很宽，水湍急，我们又带了小孩，没有保险，不推荐两天漂流。她建议的路线虽然只有四小时，却是精华所在，河流有惊无险，旋涡不是很凶险，一个急流和下一个急流间有缓冲和喘息的时间。安全第一，尽管有些遗憾，我们还是听从专业人士的建议。一人45美金，包含从博卡拉去奇特旺的吉普车，漂流，午餐，向导，一个船长，两个舵手，因为有小孩，他们还特别安排了两个皮划艇救生员，岸上有司机一路随行，在我们出水的地方准备好午餐等候。

45美元能干什么？远在美国纽约的学生用它买了一条李维斯新款短裤，一家五口用它在重庆的银鲨自助餐厅吃一顿中高档自助餐，我和巧克力妹妹用它享受六个户外高手整整一天的专业服务。

在英国女孩的推荐下，我们去亚当的旅行公司购买奇特旺皇家公园四天三夜丛林套餐。英国女孩说，亚当先生从业19年，是博卡拉最值得信任的旅游达人。英国姑娘是诚实的，亚当先生的确是值得信赖的朋友。他告诉我们，套餐的价格受酒店的影响。我和阿捷商量，奇特旺湿热，蚊虫多，没有空调睡眠质量得不到保障，睡不好易生病，空调是必须的，食品安全也要排在第一位。亚当建议我们带小孩最好住公园外，景区不通电，晚上热，孩子睡不好。我们听取他的建议，订115美元三天两夜的套餐。

尼泊尔有全世界顶级的徒步路线，我渴望徒步喜马拉雅。但巧克力妹妹病病歪歪，雨季蚂蟥又多，ABC小环线起码要七八天，计划很难实施。和徒步天堂擦肩而过，实在遗憾，我们决定选一段一天的路线。亚当建议我们从帕蒂出发到当普斯，风光优美，是很有味道的路线。他介绍他的弟弟（当地最优秀的徒步向导）给我们当向导，希望我们能顺路去他们兄弟出生的村庄看看，那里的人们生活状况很不好，如果我们有多余的衣服和书籍捐给他们的话，不胜感激。我们欣然答应。

一个小时后，我们就制订好了户外探险计划，期待着和这个传说中的户外天堂来一场浪漫的约会！

风一样的感觉——骑行博卡拉

下午，风和日丽，租两辆摩托车，半天时间90元人民币。我们不会骑，街上两位陌生男子自告奋勇当司机。

为在妇孺前露一手，司机开始漂移炫技，安妮尖声欢呼，兴奋无比；病病歪歪的巧克力妹妹小声欢呼，激动得身体摇晃。我乞求减速，未果；厉声呵斥，这两位帅哥才明白马屁拍到马屁股上了，这才减速。

第一站：位于机场至巴特瓦尔公路西南两公里处的魔鬼瀑布。帕尔蒂克拉河在此转入地下。河水暴涨时，瀑布下冲的声音震耳欲聋，如妖魔鬼怪嚎叫。

　　第二站：博卡拉老城。比起湖滨区，老城很宁静。水牛卧在街道中间，赤足的当地人缓慢行走，没有商业气息。在阳光温和的下午，生活仿佛静止。我喜欢临近费瓦湖的新城，湖光山色赋予了它灵气和仙气。

　　第三站：色悌河东岸的白庙。它于博卡拉如猴庙于加德满都。这里是俯瞰博卡拉山谷的制高点，山上有一座印度双层寺庙。摩托车只能到山下，弃车步行上台阶，周围是亭亭如盖的菩提树，鸽子自由地飞翔或栖息。巧克力妹妹好不容易爬到山顶，一到平台就蹲下，再不挪窝，肚子痛犯恶心。我说咱不玩了，回客栈休息，她不舍得，还想多看看博卡拉。病痛无法阻挡她的兴致，这小丫头是天生的旅行家。

　　第四站：费瓦湖心瓦拉希神庙。来到湖滨，乘坐小船，50卢比往返，去湖心的瓦拉希神庙。这是博卡拉最著名的印度教寺庙，香火很旺，来祭拜的大多是本地人。安妮给鸽子喂食，病快快的巧克力妹妹在菩提树下打坐休息。打扫卫生的阿姨穿着橘红库尔德传统服饰，衬着绿树黄叶，甚是好看！

　　第五站：国际山峰博物馆。该博物馆致力于介绍尼泊尔的山峰。阿捷不感兴趣，我们只逗留五分钟便离开了。

　　第六站：博卡拉的幼稚园。摩托车从山峰博物馆回主干道的路上，孩子们看见路边的小羊羔可爱，嚷嚷要逗小羊羔。尼泊尔的动物和人很亲近，小羊亲热地和孩子们嬉戏。我和阿捷对路边的幼稚园更感兴趣，征得许可后，进入小小校舍。教室门外用英语写的竟然是一句中国古话："授人以鱼不如授人以渔"。我们和老师交流，教孩子们汉语，送他们小礼物。我真后悔，应该把包里背的书和文具带出来。小孩子们很可爱，清澈的大眼睛，健康的棕色皮肤，友善而羞涩。

　　半天游历，傍晚才回北湖区。我们去当地最高档的餐厅吃费瓦湖新鲜的鱼，巧克力妹妹喝了一口果汁，跑到庭院中吐了一地。我惭愧地给服务员小费，请他代为打扫。一位服务员大伯带我们去隔壁印度药房，美艳的印度药师看了巧克力妹妹的眼睑，卖我两包五毛钱的药粉，兑两升水喝。她说孩子严重脱水，必须补水。不懂印地语，我估计类似葡萄糖溶液。不过真管用，巧克力妹妹的病居然就此见好，我从此迷信印度药方。后来回加德满都，巧克力妹妹又病了，我千方百计找到印度药方，谁知第二次不管用了。这是后话。

飞翔博卡拉

第二天晨雨淅淅沥沥，早起的鸟儿已飞翔在博卡拉上空，滑翔伞如一个个小问号，伴着苍鹰从萨朗科山顶飘起，在空中盘旋，落在费瓦湖边。

今天是飞翔日，我们很激动。阿捷说：“跟你一起太疯狂了，我从没想过滑翔！”话语间是藏不住的兴奋和激动。巧克力妹妹担心在空中会呕吐，吃得很少。这次生病让小丫头瘦得皮包骨头，却没有影响她旅行的兴致，总是开开心心的。看着她瘦削的小脸，我心疼不已。

我反复强调一定把最好的飞行员留给孩子，貌似负责人的飞行员连连点头。巧克力妹妹的教练叫安德鲁，俄罗斯小伙，不苟言笑。普京总统擅长开战斗机，他的子民应该不错吧？我的教练皮肤暗黑，好像是负责人。他很酷，不爱说话，哼美国乡村音乐。教练们戏称安妮为苹果，把巧克力妹妹（因与其英文名麦洛蒂音似）叫做猴子。巧克力妹妹老大不情愿，觉得被丑化了。

皮卡载着我们经过老城区，拐上山路。一路风光令人沉醉，海拔越高，空气越清新，耳边风声渐起，到山顶时已呼呼猛刮。下车时才发现原来车顶上还有好多小伙子，他们纷纷下来帮忙，扛下大包小包的装备。只见他们先把滑翔伞解开，平铺在草坪上。滑翔伞很大，足有十几米宽。趁他们忙，我们四下转悠，发现了“世界最美的厕所”——一间没有门的小茅房，蹲在里面，面前是湛蓝的天空和明镜似的费瓦湖。

穿好飞行服，万事俱备，只欠东风。等风时，没买保险的我们忐忑不安。我问教练："我有点怕，你呢？"他认真地说："我也怕，每次飞之前我都怕。"我又问："那你为什么要当飞行教练，危险吗？"他说："看，没有引擎，我们完全靠风力飞行。所以，这是一件危险的事，但是，我喜欢飞翔，因为飞翔很酷！"

我不说话了，心中隐隐后悔。

风来了！不等安妮起跑，小小的她顺风盘旋而起，滑向天空。她开心的笑声越飘越远，看来她觉得很酷，一点不怕。

又一阵风来了，巧克力妹妹助跑几步，两位助理使劲一推，小女孩扶摇而上。她伸出手臂作飞翔状，给我一个"OK"的手势。看来很享受，她也不怕。

阿捷第三个飞出去。成人体重大，必须冲下坡大力助跑。在助理的帮助下，阿捷顺利起飞。

我这才发现飞行公司的助手和皮卡全走了，只剩下我和教练孤零零站在峰顶等风。我有点不安："为什么所有的助手都走了呢？我们怎么起飞呀？"我的教练很酷地说："我是这里最好的飞行教练，不需要助手。他们开车去湖边，帮助你的朋友着陆。我会照顾好一切，没事！"我表示不满，再三要求最好的教练带孩子们飞，客户的要求他没认真对待。

风来了。教练命令我跑，我小跑向山下冲。没跑几步就被强风刮上天。很轻松平稳，一点不刺激。我有些小失望。教练问我要不要飞高，我点头。他就控制着越飞越高，飞到云里去。四周白茫茫一片，很冷。他问我要不要更高。我冻得直哆嗦，连连摇头。

我们慢慢飞离云层，飘到湖上方。视角变了，眼界不同了。教练问要不要来点刺激的。我欣然点头。他开始上下左右翻腾，我高兴得大笑，后来胃里一阵难受，又冷又恶心。看着我被天空征服，教练得意地笑。我不服气地告诉他我独自跳过伞，将来总有一天会独自滑翔。他突然问："你有丈夫吗？"我说："当然。"这样的问题在尼泊尔每天要回答很多次，这个保守的国家对于单身旅行的女游客很感兴趣。

"为什么你丈夫不和你一起旅行？"又一个每天回答N遍的问题。

"他要挣钱，我们才能出来旅行。"我不加思索地回答。

"如果你喜欢飞行，如果你愿意留下，我愿意经常带你上天飞翔。你很可爱，我喜欢你。"

"什么？"我被他的直白吓了一跳。

教练重复了一遍，很严肃、很现实地汇报个人情况。"我是高级滑翔教练，我的资质可以保证很好的收入。我有房子，还有一辆小车。"

"你开玩笑吧？是不是你们公司要求对每位女客人都这样说呀？"我大笑。

小伙子很受伤地说："不，我是认真地。你可以问问你的朋友。我想他们没有我们之间的谈话。"

我受宠若惊！帅气的小伙子说的这番话，是我一路走来最浪漫的回忆之一，毕竟这样的话，我很久没听过。一瞬间，眼中竟有泪光，我感激又感动，仿佛嗅到正在逝去的青春。

一时不知该说什么。过一会我大笑："如果我说不，你会把我丢进湖里吗？"小伙子沉默一会，也爽朗地笑："是的，女士，如果您坚持的话！"

聪明的教练再也没提及飞行以外的话题。我们在湖畔顺利降落，和大家会合。孩子们采了大把野花，欢呼雀跃，要求明天还来飞。看着阳光下两张灿烂的笑脸，我十分感慨。这才是孩子们应有的童年，在大自然中经历感受，而不是在教室里一味埋头苦学。旅行结束我回到家，正好巧克力妹妹快要期末考试。做不完的作业逼得她晚上接近午夜才睡觉。一个刚满十岁的孩子，四年级的小学生，有这个必要吗？再看看我班上的学生们，每天从早上七点二十学到晚上十点二十，怀揣理想，疲惫不堪。带他们周末登山锻炼，鼓励他们看真正的书、听音乐会，总会被各种说我"不务正业"的舆论包围，而实际上，大多数学生自己也认为和应试无关的事都是"不务正业"。我只能鼓励他们不要太功利地学习，我多希望孩子们可以少些压力，作为健全的人来发展，可是有时真的感觉很无力。

我的放逐何尝不是对现实生活的逃避？幸福必须是来自内心的感受。自由地选择让我幸福，新鲜的环境让我幸福，帮助别人让我幸福，飞翔让我幸福，温暖的阳光让我幸福，被人喜欢让我幸福，看到自己爱的人开心的笑让我幸福。幸福的感觉可以保持和回味，日子过得没滋味时，想想有过的幸福和可以创造的幸福，生活又添些许亮色。

和朋友会师，游过费瓦湖

今天是个特殊的日子，我们的另一对旅游搭档——小玲和她的儿子刘笑言，到博卡拉和我们会师。

笑言是巧克力妹妹四岁时在游泳班认识的，一见面两个熊孩子就密谋叛乱，成功"炒"掉了严厉的游泳教练。笑言是豪爽大气的小男孩，一次额头被误伤砸了一个口子，留下一块大疤，他却快乐地对"肇事"小朋友说："真遗憾，要是砸成哈利·波特的闪电疤就好了！"笑言的妈妈小玲富有探索精神，胆子非常大。她曾单身一人去非洲工作过两年，我们相约要带孩子们去环游世界。她工作忙，每年只有十来天假，所以，我们只能相约在路上。

为庆祝会师，我们去吃中国菜：阔别已久的鸡汤、青椒回锅肉、醋熘土豆丝、鱼香肉丝、糖醋排骨和宫保鸡丁，孩子们不是吃，是抢。巧克力妹妹大病初愈，破例吃了几口，边吃边感慨："还是川菜最好吃！"阿捷连连点头，她特意委托小玲从昆明机场带来一大罐豆腐乳和一瓶牛肝菌。这牛肝菌救了巧克力妹妹的命，从此她天天早上求吃牛肝菌配白米粥。

吃饱喝足后，我们一起再游费瓦湖。

吸取上次教训，我们租船时找了一个会英语的小伙，小伙子长得挺帅，非常和气，把船划过费瓦湖，去山涧入口，那里的水最干净清浅。靠城区的水被居民和渔业污染了。

我们到和平塔下。山上茂密的灌木乔木和水银般的湖面相映成趣，洁白的塔顶，苍鹰在翱翔，一条皎洁的小白龙从山上偷偷溜进湖里嬉戏，这是灌入费瓦湖的清澈山泉。

孩子们是初生牛犊，不惮阴凉处沁人的水，尖叫着扑腾入水。巧克力妹妹和笑言如两条银鱼，化作闪闪水线，向湖心游去。安妮不会游泳，在船上看着，很羡慕。阿捷乘机鼓励她学游泳。本来怕水的安妮显然被哥哥姐姐在水里的自由劲儿吸引，点头答应妈妈！

我犹豫半天，眼睛一闭，一头栽进水里，几个寒战后，也就不觉得水冷了。小玲也下水。阿捷不识水性，懒洋洋地在船上看书，惬意得很。

几条皮划艇载着快活健康的黝黑小伙子过来。看见我们，他们双手合十行礼后，示意孩子们骑到艇上。巧克力妹妹和笑言爬上皮划艇，仿佛骑在鲸鱼背上，映着夕阳，破浪前进，几个小伙子是漂流公司的救生员，完成今天保护客人的漂流任务后，时间还早，就来湖上玩！

我问可不可以划一下他们的皮划艇。小伙子爽快地请我上船。在旅游业占国民收入过半的尼泊尔，外国游客能得到极大尊重，我们一路走来，人们的友好让我们深深迷上这个天堂般的国度。我爬上皮划艇，摸索着开始划行，皮划艇先是摇摇晃晃，然后变成一条笔直的线，向湖心而去。小伙子朝我竖起大拇指，孩子们也过来，一人爬进一艘小艇，歪歪扭扭地乱划一气。

我上岸为小伙子们准备了小费，表达感谢，我们真的很快乐。

天色渐晚，我们该回去了。我舍不得离开清凉干净的湖水，随口建议："孩子们，我们游过费瓦湖怎样？"两个小孩毫不犹豫地答应。

出发！

在自然的湖泊中，游泳特别轻松。蛙泳累了换仰泳，高兴了钻到水底。我完全融入喜马拉雅山谷，成为湖里的一条鱼，仿佛自出生一直生活在这里。无忧无虑逍遥天地间，不觉游了一个多小时。近岸时，尼泊尔小帅哥把两个棒小孩捞起来，然后来拉我，我才发现腿都累得麻木了，没人拉根本爬不上船去。小帅哥不断向我们竖大拇指，我们看着两千多米宽的湖面，蛮自豪。

我们多给小帅哥一份小费。我对善良友好的尼泊尔人民有特殊的感情。进入千禧年后，尼泊尔经历王室血腥杀戮，天灾和罢工，经济雪上加霜，而人民依然乐观有尊严地生活，保持纯净的信仰。我尊重这样的民族。没人乞求，可我希望给他们一些帮助。

我和巧克力妹妹十指紧紧相扣，共同完成这次挑战，让我们的母女关系更亲密。

与蚂蟥为伴的徒步

最专业的高山导游是夏尔巴人，这个特殊种族居住在喜马拉雅山地的印度、尼泊尔和中国西藏地区，他们拥有锈红的面孔，血红蛋白含量高于常人，意志顽强，重义气，讲信用，淳朴，热情，体力好。随着登珠峰日趋商业化，全世界的登山队都乐意找他作向导。珠峰让世界认识了夏尔巴人，他们无数次地创下吉尼斯世界纪录，许多登山者最后都是由夏尔巴人抬上顶峰的。他们冒着生命危险当向导与背夫，只为生活。

谁是攀登珠峰第一人？史料记载是英国登山队的希拉里，时间是1953年5月。事实上，第一个踏上地球之巅的，是夏尔巴人丹增。丹增作为高山向导，受雇为英国登山队往山上背送物资，他在前面开路，才把希拉里带上顶峰。登顶成功后，英国人高兴地说："这是我们英国登山队全体队员奋斗的结果。当然，夏尔巴伙伴也和我们有很好的配合。"有记者鸣不平，问丹增究竟谁最先登顶，朴实的丹增不解，这重要吗？他说："在顶峰，向南我看到了我们的丹勃奇寺，向北我看到了中国西藏的绒布寺，能同时看到世界最高的两大寺，太幸福了……"这就是夏尔巴人的胸怀。

我一直向往真正意义上的徒步和登山，靠自己的力量，不要别人帮我背东西开道。我自己的体力达不到，财力也达不到，巧克力妹妹还小，高海拔对她的身体不好，所以我们只能选择徒步喜马拉雅，浅尝辄止体验一下吧。

今天是徒步日，阿捷一早做好蛋炒饭，包在锡箔纸中，每人一个饭团，再包一块豆腐乳。我们的团队是黄金搭档，我是策划，阿捷是厨师，小玲是会计。

面包车接我们去帕蒂。亚当的弟弟山姆半路上车。他穿着干净的白衬衣，露趾的凉鞋，手上只带一把雨伞。我很奇怪，盛传尼泊尔雨季徒步路线蚂蟥很多，山姆怎么穿凉鞋？要走大半天，他难道不吃不喝？

我们脚下是喜马拉雅著名徒步路线的起始部分。尼泊尔是徒步的天堂，有排名世界前几位的徒步路线，如ABC经典小环线和布恩山小环线。

在森林中行走，寂静无声。往下看，博卡拉山谷中一条蜿蜒小河灌入费瓦湖，抬头看，厚厚的雨云挡住喜马拉雅群山。遇到几个完成大环线归来的背包客，胡子拉碴，皮肤黝黑，但神色平和，是长期无言行走后的状态。

登山才15分钟，阿捷就觉得体力不支了。她平时不锻炼，加上近年体重增加，不适应负重徒步。山姆帮她背包，孩子们帮她拿水、衣服和雨伞。我们鼓励她。亚当说他们的村庄状况不好，我们想去看看。

泥石流地带，山姆和我在前面探路，小玲、巧克力妹妹和笑言紧跟其后，阿捷母女在大家鼓励下渐渐跟上。

中午，我们买瓶装可乐就饭团吃，幸好多做一个饭团，可以给山姆当午餐。山姆不喝可乐，弯腰从田里掬起一掌水喝下，他说尼泊尔的水，外国人喝了会腹泻，当地人喝了没事。我之前看过资料，尼泊尔儿童死亡率很高，主要原因是缺乏清洁的饮用水。旅游成为尼泊尔支柱产业后，水质问题得到了关注。现在大多数家庭使用过滤水或药片消毒后的水。

饭后我们继续前行。在小森林入口遇到一个来自香港的姐姐，她徒步归来。我们坐在田坎上休息聊天。她告诫说前面是蚂蟥山。蚂蟥很厉害，尼泊尔的蚂蟥不钻血管，喝饱会自动脱落，但咬的创口大，鲜血长流不止，当地人用一种薄膜纸贴住伤口才能止血。她送我们一盒当地人自制的驱蚂蟥药，但山姆劝我们别用，说药毒性大，对人体不好。

大家惴惴不安。山姆哈哈大笑，在路边找到一条小蚂蟥，放在手指上，说蚂蟥不喜欢喝当地人的血，最喜欢外国人的血。孩子们很快学会了蚂蟥的英文单词。山姆说不下雨蚂蟥危害不大；如果下雨，过灌木丛时就防不胜防。话音未落，雨随风而至，淅淅沥沥地给蚂蟥山蒙上了一层血腥的面纱。我们全副武装，用袜子扎紧裤脚，系牢鞋带，穿上冲锋衣，带上帽子，撑起雨伞。小玲今天失策了，穿了一双凉鞋出来。我脱下袜子给她抵挡一阵。山姆要求我们脚步不停，减少蚂蟥附骨的概率。

紧走慢赶中，眼尖的小玲发现鞋面上已有吸血鬼的身躯正伸缩着找地方下口，她忙用树枝把"恐怖分子"驱逐。走到有石头的地面，小玲有种不祥的预感，低头检查笑言的脚。哎呦喂！笑言不知不觉中弹。弹下脚踝处的蚂蟥，可伤口那里鲜血汩汩直流，看上去颇为惊悚。我是第二个受害者。没了袜子遮挡，一条小蚂蟥从系鞋带的缝隙间直接攻击我的血管。安妮的脚也遭受袭击。接下来是小玲。薄薄的袜子终不能抵抗住蚂蟥的疯狂进攻。最可怜的受害者是阿捷，她累得筋疲力尽，没力气检查双脚，回到客栈脱掉鞋子，一双脚血肉模糊，被咬了12个血洞，鞋里还倒出几条蚂蟥。离开泥泞的灌木，蚂蟥也就失去了赖以生存的环境，很快死去。

可以想象我们的惊慌吗？恐怖片也不过如此。雨不合时宜地下，蚂蟥无孔不入地钻，向导平平安安，巧克力妹妹奇迹般地幸免于难，剩余五人伤痕累累。孩子们一边咒骂蚂蟥一边争先恐后地落荒而逃，不能停留，停留就意味着蚂蟥的聚集。

好不容易逃出蚂蟥聚居地，孩子们一边整理伤口，一边好奇向导叔叔和巧克力妹妹为什么幸免于难。山姆耸耸肩，说蚂蟥不咬当地人；至于巧克力妹妹，这段时间生病喝藿香正气水，也许蚂蟥不喜欢这气味。

最后，我们来到山姆姐姐简陋的家。我们把包里的牛奶和食物都赠送她了。山姆希望我们如有多余的衣服和书籍，可以送一些给村里的孩子。我的主要行李都留在加德满都了。回去后我们整理了一大包，邮寄给山姆。希望我们的旅行能够给你们带来一些幸福和温暖。下次再来尼泊尔，我一定会多背些书。

用漂流的方式告别博卡拉

我们终于要告别博卡拉了，有太多不舍。舍不得费瓦湖上的云卷云舒，舍不得陌上曼陀罗花开娇艳妖娆，舍不得尼泊尔帅哥们深邃多情的眼神，舍不得孩子们干净纯真的笑容，舍不得午后的几米阳光和红茶相伴的湖畔阅读时光，还有雨后马路上赤足散发行走的洒脱。我想我还会回来的。游遍世界之后，我还会循着喜马拉雅深处的雪域小国的呼唤回归。

我们背起大包再次上路。不过，我们离开博卡拉的方式，是沿河漂流而下。

户外公司七个快乐的小伙子开着皮卡来接我们。车内空间局促。车顶是橡皮船、皮划艇和大背包。司机是个小男孩，貌似未成年，可车开得极溜。我们三对母子被安排在车内驾驶舱。笑言很快被吸引到了后车厢，那里有六个少年，弹吉他唱歌，不知疲倦地欢笑。他们好奇我们三个中国女人怎会带小孩子不远万里过来体验男人的运动。这在男权至上的尼泊尔几乎不可能发生。他们说从没在大城市生活过，希望有一天能去加德满都或北京。

突然，小玲激动万分地喊道："雪山露出脸来了！"我们的头整齐地甩向左边，那是喜马拉雅的方向。金光万道的朝阳下，六座世界闻名的喜马拉雅雪山露出了她们高洁挺拔的身躯。尤其是鱼尾峰，她是最骄傲的公主，一枝独秀，高耸入天。没有亲眼目睹过世界屋脊起伏，仅凭想象很难达到那种巅峰般的心灵悸动。喜马拉雅这么近！我们向着连绵雪山的方向奔跑，以为能看得更多，离得更近。我们热泪盈眶！感谢上苍，临别之际，赐予我们绝无仅有的美丽震撼，为博卡拉之行画上了完满的句号。

皮卡仿佛行驶了很久。色悌河雨季流量大，泥沙让河水变成浑浊的棕黄色，更为壮观。空气渐渐有些潮湿闷热，司机说我们正往海拔较低的南部拉伊平原驶去，那里密林丛生，河流沼泽密布，珍禽异兽蚊虫毒蛇遍布，是传说中的"丛林心脏"——奇特旺。

接近中午时，皮卡在路边一家破旧的小商店停下。船长示意换衣服上艇。我吓了一大跳。以前漂流过的河流都清澈平缓，眼前恶浪滔天的翠苏里河，近似涨水的长江。这就是"适合小孩子漂流"的路段？难怪皮卡上的小伙子对我们这些妈妈的行为不解，我们自己都吓着了。

雨季客人很少，在这里下水的橡皮艇只有两艘，除了我们妇女儿童队，还有另一船欧洲壮男。看着滔天巨浪，我们有些害怕，可是千辛万苦赶来，却解甲上车去奇特旺，我心有不甘。

我问船长安全指数有多大？他比画两只手："我在这条河上漂了20年。为保护你们女人孩子，用了最精良的人手，特意多派了皮划艇。你们好好配合，不会有事。"

我和阿捷把相机留在皮卡上。小玲说她的相机反正旧了，进水也不可惜，带着拍几张照片。橡皮艇上有一个防水箱，可以放现金和证件。尼泊尔的服务业考虑真周到。

船长给我们进行漂流指导。雨季涨水，浪急水险，光靠船长和两个水手划桨力量不够，我们坐在船舷上的四人都要大力划。考虑到安妮和阿捷不识水性，小玲、笑言、我和巧克力妹妹承担划桨的艰巨任务。

上游的水急。下河不久连续出现几处激流，橡皮艇被礁石和大浪抛起来一两米高，冰凉的水柱直往里灌，迷糊我们的双眼，一开口说话，冷水直往嘴里钻。我们的衣服瞬间湿透，冻得直哆嗦。船长不听抱怨，大吼让我们向前划。我们使出吃奶的力气，划到膀子酸，任何人偷懒，船都会失去平衡，开始打转。坚持坚持，直到穿过急流。

在平稳的水面上漂浮，简直像穿行天堂的河流。河上凉爽的风缓解了灼热，我们裸露的皮肤在阳光下泛着健康的褐色。每过一段，空中都会有铁索桥，负重的尼泊尔女子腾出一只手来向我们打招呼。

我们很快习惯了河上的节奏，小伙子年轻贪玩，不忘捉弄我们，一会儿用桨拍打笑言的背，一会儿打起一兜水偷袭巧克力妹妹……

多希望漂流无穷无尽，多希望每天都无忧无虑，多希望时光停顿。可是，我们还未尽兴，船长就已指挥在一片洁白沙滩上停靠了。漂流结束了！

　　孩子们翻身跃入水中，继续疯玩嬉戏；我躺在沙滩上，帽子盖着脸，沐浴着日光，这样的河，这样的景，漂整整一生一世，我们都愿意。

　　要下雨了，我们终于悻悻上岸。船长让我们去公路对面冲凉换衣服。定睛一看，瞠目结舌，眼前是山洪暴发形成的瀑布——露天淋浴，太有趣了！我们一哄冲进凉爽的瀑布，水压驱使水花包裹我们，打得人头昏眼花。

　　草草换上干衣服，在棕榈叶搭的凉棚下吃自助午餐：火腿、香肠、奶酪、酸黄瓜、沙拉、面包……我们招呼船长和水手们吃，他们不来。原来，在这个旅游业为支柱的国家，游客绝对是上帝。我们偏要他们一起吃。小伙子们终于也不客气，一起扑向食物，风卷残云，十几分钟就把桌上的一切扫荡一空。山羊也不甘示弱，一直在我们身边抢食。尼泊尔的羊吃奶酪吃火腿。我心想：难道羊不是食草动物吗？

　　饭后，训练有素的小伙子们几分钟就洗净碗筷，收好餐具，捆到皮卡顶上。我们吃的东西，是他们从博卡拉带来的。

　　傍晚时分，到达奇特旺皇家公园里环境优美的野生动物园酒店，我们和博卡拉的最后一丝联系断了，即将开始奇特旺丛林历险。

　　我们塞给即将离开的船长一笔丰厚的小费。在中国我们算中产阶级，并不富裕，但面对善良朴实的尼泊尔人民，我们得到太多善待。但愿我们的心意可以改善你们全家的餐桌，但愿我们的尊重和感谢能让你们感到幸福快乐。

　　再见，博卡拉，谢谢你带给我们的欢乐！

"丛林心脏" 奇特旺

　　野生动物园酒店为客人提供独立木屋别墅，面朝热带花园，背靠无边无际的矮树草原湿地，能听见隐隐传来的大象低吼。房间很大，空间很高，华丽的公主蚊帐让我们有安全感。墙上壁画是骑大象看犀牛的情景，我和巧克力妹妹的别墅主题是"犀牛"，小玲和笑言的是"啄木鸟"，阿捷和安妮的是"孔雀"。

　　安静清雅的木屋别墅前有宽大的露台和木桌椅——看书喝茶的好地方。花园里的杧果、香蕉吐出绿色的果实，还有好些叫不出名字的热带花卉，赏心悦目。服务员送来红茶，我坐在露台看书，几分钟后小腿手臂奇痒，被蚊子叮出几十个疙瘩，逃回房间换上长衣裤，喷上驱虫剂。热带雨林，看上去很美，其实危险四伏。这里湿度大，衣服在户外晾一夜会更湿。洗衣服只能靠正午烈日暴晒，或挂在室内借空调风扇吹干。

　　我觉得两条大腿灼热，仿佛在燃烧。一检查，腿肿得像火腿。这才明白"毒辣"的意思。原来漂流时，我裸露的大腿被紫外线灼伤。阿捷受伤最严重，其次是我，其余人轻伤。孩子们去花园割来芦荟，清凉滑腻的芦荟汁能略微缓解疼痛。

　　旅行社套餐从明天开始，今晚我们自己觅食。走出酒店时，我们发现花园一侧有象棚，养了三头象。我们的农家养猪，奇特旺的农家养象。象夫正在给大象喂食。大象食量惊人，尼泊尔贫穷，象夫把少量谷粒裹在干草中，大象为吃到谷粒，必须咽下干草。有的象聪明，嚼开干草吃谷粒，再吐出干草。象夫递一把谷粒给孩子们，他们怯生生地伸手喂象。大象温和机灵，粗糙的舌头温柔地舔孩子们掌心的谷粒。孩子喜欢大象，又觉得大象好可怜，因为缺乏营养，皮粗毛糙。孩子们央求我们去街上买香蕉。大象的生活如此艰苦，象夫的生活可以想见。我怜惜地抚摩大象干燥的皮肤，给了象夫一些钱，请他们买点香蕉给大象。

街道上，工作一天的大象下班了，慢吞吞地行走；象夫悠闲地坐在象背上，看到好奇的游人就报以异常灿烂的南亚式微笑。手工艺店出售价廉物美的骨雕佛眼项链、尼泊尔三角形国旗钥匙扣和犀牛明信片。

十字路口的KC音乐餐吧口碑不错，格调迷人，棕榈树环绕，九重葛垂吊，精心打理的花园，修剪整齐的草坪向远处的河谷延伸。餐厅里怀旧的黄铜吊扇无声地转动，餐桌下有驱蚊的檀香，瑞香纸的灯笼让这个餐厅多了温柔的气氛。一条大狗很随意地四下走动，吃完客人们给的食物后就势躺在客人脚边。服务员统一着装，热情周到。我们点了招牌烤鱼和牛排，食物非常美味。孩子们省出好大一块牛排喂大狗。

暴雨突如其来，豆大的雨点打得人皮肤痛。我们找餐厅借雨伞。老板似懂非懂地笑，琢磨半天，把庭院里的巨型遮阳伞扛过来。我们哈哈大笑，一把巨伞罩着六人，招摇过市。

吹着凉爽的空调，爬进宽大的蚊帐里。虽然双腿红肿，可我忍不住感慨，在尼泊尔的生活真快乐！假期已过30多天，归程越来越近了！

▼ 拉布提河畔看落雨，和塔鲁人共舞

我和巧克力妹妹在旅行中有个坏习惯，就是赖床，常会错过酒店的早餐时间。小玲和阿捷是百灵鸟，习惯早起，托她们的福，帮我们端回营养丰盛的早

餐，我和巧克力妹妹才不至于饿到。

慢慢享用完早餐，今天的行程开始。导游让我们带好雨伞和防晒霜出门。后来我深切体会到，在雨季的丛林，防雨、防晒和防虫是多么重要！

我们先去索拉哈村，参观塔鲁人的小村庄。塔鲁族之于尼泊尔，就像黎族之于海南，苗族之于贵州，是奇特旺富有传奇色彩的人文景观。塔鲁族人原本生活在北印度，16世纪时在种族战乱中逃难辗转迁徙而来到奇特旺。物竞天择，适者生存，顽强的塔鲁人在虫蚊瘴气的热带丛林中生存定居，号称对疟疾先天免疫。他们简朴淳厚，遵循祖先原始从容的生存哲学，任你外界风云变化车水马龙硝烟不断，我自宁静淡泊养鸡喂牛，春种秋收，闲时跳跳阳刚气十足的棍棒舞。

我们午睡到四点起床，步行去拉布提河边看日落。我们的度假村到看日落的最佳地点很近，几分钟就走过去了，人很少，只有我们几个，遗憾的是今天没有落日，只有越下越大的瓢泼大雨。还好乐观的孩子们不在意，我们坐在木屋顶楼临河的凳子上，耐心地看落雨，看浑浊的拉布提河静静流淌，河对岸是丰茂的水草，河里有号称世界上最平和的土著——鳄鱼（工作人员介绍鳄鱼是地球上最安静平和的生物，一年八个月不吃不动，一般不攻击人）。尽管如此，每次看到鳄鱼冷冰冰的眼神，我还是不停地打寒战。

晚饭后，我们去看塔鲁人的棍棒舞。篝火，节奏，力量，欢乐，我们融入其中，也到台上跳了起来。跳舞对于我们来说，没有品质可言，管它优不优美，释放情感就好了。

跳完棍棒舞，我拖着晒伤的腿回去睡觉。明天，很期待骑象进丛林，追寻孟加拉虎和独角犀牛。

 大象幼儿园

今天我们多了两个新伙伴，来自伦敦的苏菲和她的儿子。苏菲40岁左右，年轻美丽，高挑优雅，天生一头银发。小伙子挺拔瘦削，一米九的身高，长发随意挽一个髻，布衣布裤，宽袍大袖，有一点嬉皮士的感觉。他今年17岁，按照欧洲人的传统教育方式，高中毕业后出来看世界明志向，周游世界一两年后，回去念大学选专业决定将来工作的方向。我遇到过好几个来自欧洲的朋友，他们把游学世界当作"成人礼"。我很喜欢这样的教育理念，读万卷书，行万里路。

中国的妈妈，英国的妈妈，一样的舐犊情深。在儿子离家周游世界半年后，苏菲终于攒足假期，飞来奇特旺。

我们四对母子，坐着颠簸的敞篷车出发。神秘的密林心脏，我们心仪已久了!

我们先乘独木舟顺拉布提河而下。奇特旺的独木舟是一条独木剖成两半，把中间挖空，放进几个小木墩供人坐，变成两条独木舟。我们小心翼翼地走进去坐下，小伙子站在船头，手上拿着一条粗木棒，警告我们不要戏水，因为水里有鳄鱼。我打了个冷战，乖乖地收回已经触摸到水面的手。

靠近岸边的水面突然冒出一条灰青色的鳄鱼，无声无息地前行，完全无视我们的存在。巧克力妹妹抢过相机一阵乱按。小伙子紧紧地握着木棒，警惕的目光不离鳄鱼。鳄鱼悄然沉入浑水中，再也不肯现身。

弃舟上岸，莽莽草原，稀疏的树木，有非洲的苍凉感。我们要去的下一个地方是大象幼儿园。亚洲有两个大象幼儿园，一个在斯里兰卡，另一个就在我们面前。人工繁殖饲养小象成本太高，所以大多数国家都是捕捉野象来驯养。奇特旺大象幼儿园的爸爸妈妈们都是工作象，白天驮着游客进丛林

探险，晚上回家喂养幼象，自食其力，值得尊敬。但是毕竟是野生大象，野性未脱，所以很多地方的铁栏都被大象撞烂。大象的寿命很长，所以在尼泊尔，一个象夫一生只驯养一头大象，俨然似人类社会的一夫一妻，患难与共，相依相守，令人感动。

象宝宝非常可爱。它们紧紧地贴在妈妈的脚边，或卧或立，肉嘟嘟的身体，温和清澈的眼神，淘气的鼻子好奇地到处吸。我停步不前，仔细地观察象宝宝，那种无邪的感觉让我母性大发，恨不得自己养一头小象宝宝。一只大山羊紧跟着我们，嘴巴在我们的包里拱来拱去地找食物。尼泊尔的山羊不像羊，像狗，吃杂食，亲近人，让人哭笑不得。日头毒辣，晒得我们头昏眼花，我们不得不赶紧离开这没有遮蔽的大象幼儿园。

我们再次到拉布提河边，是为了和大象共浴。象夫驱象进入河里，两个漂亮的姑娘犹豫半晌，慢慢走进水里。理论上，大象在自然界没有天敌，虽然水里有鳄鱼，但象腿所向披靡，鳄鱼早早撤退了。象夫喊着他和象之间的密语，象半跪在水中，象夫做出手势，姑娘会意，伸手被拉上象背。大象巍然站起，两个女孩尖叫起来。淘气的大象吸足水之后，突然回鼻一喷，女孩凹凸有致的线条遇水清晰呈现，惊叫，大笑……岸上的我们跃跃欲试，纷纷交钱报名体验。

不知象们做何感想？或许和乐观的尼泊尔人一样，一边认真工作，一边享受天赐的乐趣；也许是不情不愿。我真心希望是前者。

⌐ 走进皇家奇特旺国家公园

尼泊尔的南部平原，是占地932平方公里的森林沼泽，曾是尼泊尔王室的狩猎场，目前是尼泊尔最大的野生动物园——皇家奇特旺国家公园，也是我们此行的目的地。沧桑婀娜的婆罗双树和木棉树，500多种珍稀鸟类，夜间的王者孟加拉虎，印度单角大犀牛，洪荒时期的巨蟒森蚺等传说中的神兽生活在这片谜一般的湿地上。人们守护着这些濒危的物种，守护着世界仅存的几条健全的生物链。

苏菲母子和我们母女共骑大象。象夫是一个十五六岁的小男孩，羞涩俊美，略通一些英语。

走进密林时，我们的象队声势浩大，十来头象，四十多人。小玲说旅游书上介绍给象夫小费，他就会带我们去人少林密处，寻找奇异风景和动物。我和苏菲商量后，悄悄塞给象夫400卢比。不需任何语言交流，他心领神会地灿烂一笑，拨转象头，离开象群，钻进茂密灌木中。后面象背上的客人一阵骚乱，纷纷要求进密林，象夫们假装听不懂，有序地驱象走在森林中踩踏出来的象道上。等小玲和阿捷她们的象加入后，我们开始林中漫步。突然，一群大耳鹿闯入我们的视线，活泼的小鹿让沉寂的森林顿时活色生香。它们天真地看着我们，温柔的眼神让人心中痒酥酥，喜欢得不得了。再走几分钟，象夫用手指着不远处的树下，几只梅花鹿在树荫里吃嫩草和苔藓。那份安宁和悠闲，让我们更加热爱这片美丽的森林。

到池塘前，大象毫不犹豫地趟进去。我突然想起大象是喜水的动物。水深及象背，我们要把脚翘起来才不至于被浸湿。象夫听到远处有人用当地语言高喊，高兴地回头说："真幸运，前面发现了犀牛！"

巧克力妹妹兴奋地差点晕倒。亲眼目睹独角犀牛，不是每个人都能拥有的幸运哟！这种犀牛在亚洲只存在于气候适宜的喜马拉雅山脉外西瓦利克山脉底部的两个东西河谷之间，每50平方公里才有一个犀牛家庭，我们进入森林半小时就遇到了，真是幸运之极！希望这片最后的犀牛藏身地可以得到完好保存，为这些温和的巨兽提供庇护所。

　　我们来到一片水草丰美的湿地。两头铁灰色的犀牛在慢慢行走。体型较大的应是妈妈，身高近两米，体重约两吨，三角形的头，浑身披挂着《纳尼亚传奇》中那种神兽的闪亮钢盔铁甲，巨大的独角显出其身份独特。小犀牛紧跟妈妈，好奇地看着我们。低头吃草的妈妈警惕地打量着我们这些入侵者，用角顶一下涉世未深的孩子，两只犀牛向湿地边缘的灌木走去，很快消失在高大的象草后。我轻轻叹气，一面庆幸有缘见到珍贵的独角犀牛，也很内疚打扰了她们母子觅食。

　　我们继续深入森林。一路上看到无数叫不出名字的珍禽异兽，因孟加拉虎是夜间兽，除非住在森林最深处的树屋，否则基本不可能邂逅。盘旋在木棉树顶的野生孔雀，我们第一次见，目光犀利凶狠，感觉是接近鹰一般的猛禽。难怪印度神话中创造之神大梵天的坐骑是孔雀。

　　在森林里穿行的几个钟头，我们身上湿了又干，烈日阵雨，交替出现。雨季的雨林，别有一番滋味。

　　告别神秘丛林，重返人类社会。我有些不舍，有些不习惯。明天，我们即将告别充满魅惑、风情万种的奇特旺！

重返加德满都

今天是重返加德满都的日子。登上大巴车，我心中怅然若失。这方美丽的土地，我们就要别过。第一次长途旅行，尼泊尔给我们留下太多美好的记忆。

巧克力妹妹说她不舒服，小脸绯红，额头滚烫。离开加德满都时，巧克力妹妹伤病缠身，刚踏上归途，她又病了。

喂巧克力妹妹喝下退烧药后，我用两张面巾纸浸湿水，一路上轮流敷在她的额头和手心，物理降温。可是到了目的地，她的高烧还是没退。

离开时，我们预订好今晚的房间。回来时，老板完全忘记了房间的事。他惭愧无比地匀出两个没有卫生间的标间。

明天阿捷和小玲回国。小玲母子去猴庙玩了，阿捷母女想去杜巴广场。巧克力妹妹发着高烧，还要坚持陪好朋友们再走一程，我们决定和阿捷她们去杜巴广场。

▶ 新古典主义的油画——黑云下的杜巴广场

尼泊尔有三个杜巴广场。"杜巴"指皇宫，"杜巴广场"就是皇宫广场。古代尼泊尔国王喜欢在皇宫前设置开阔地，以示君权神授的威仪，在皇宫附近修建庙宇。

13世纪时，尼泊尔马拉王朝三个王子各自称王，把加德满都山谷分为三个王国，因此诞生了三个国宝级的杜巴广场，成为尼泊尔现在的三张名片，都名列联合国教科文组织世界遗产委员会确定的遗产名录，是中世纪的露天庙宇博物馆。

三个杜巴广场，风格各异。

加德满都杜巴广场在泰美尔附近。我和巧克力妹妹冲英俊的卫兵笑笑，大大咧咧走了进去，回头见阿捷她们被拦住要求买门票。看看黝黑憔悴的巧克力妹妹，估计自己也是衣衫褴褛面黄肌瘦，所以被卫兵误认为当地人免票放了进来。杜巴广场对当地人免费开放，外国游客的门票一月内可反复进入。我想了想，走出来主动补了门票。

我爬上广场最中间建筑物的阶梯，坐在那里看下面人来人往。巧克力妹妹脖子上挂着相机，不知疲惫地捕捉每个打动她的细节。我突然特别感动，仿佛看到若干年后的她，一个人在远方求学，每到周末假期，她就这样探索世界。

回去后，青年旅舍依然没有房间。小玲和阿捷明天回国，走得早，她们四人得就地住下。我和巧克力妹妹在愧疚的旅社老板的陪伴下，四处寻找住处。尼泊尔雨季接近尾声，游客渐多，泰美尔愈发拥挤。无奈，我们决定今晚暂住隔壁龙游客栈400卢比的亭子间。

小玲主动提出帮我们把在尼泊尔买的一大包纪念品带回国，真是好朋友！

凌晨三点，巧克力妹妹又发烧了！杯里只剩350毫升水，退烧绝对不够。停电了，我摸黑到楼下，四处搜寻，找不到水。加德满都的水不能随便喝。我只能回房间，劝巧克力妹妹喝完剩下的水，然后用两张面巾纸轮流给她物理降温。折腾到天亮，我赶紧出去买了纯净水和退烧药，回青年旅舍落实了想要的房间，把行李搬过去，把女儿也抱过去，任她继续睡。

万幸的是，休息了一早上，下午，巧克力妹妹终于生龙活虎地再现江湖了。

养病加德满都

巧克力妹妹养病，我坐在阳台看书，旁听一男一女谈话。女孩是杭州的大学生要去加尔各答当志愿者，在加德满都等印度签证。男的是个体老板，想换一种生活状态，骑摩托车从陕西一路奔拉萨而来。越骑越有劲，干脆翻过喜马拉雅，谁知壮志未酬先摔坏了腿，于是把摩托车存在樟木，跛脚闯尼泊尔。两人相逢在加德满都的青年旅舍，结伴去印度。结识背景各异的新朋友，是我最喜欢的。我立刻回房搬出菠萝和新朋友分享。下午，巧克力妹妹破关出山。我们找到一家叫"重庆味"的小馆子，吃回锅肉、宫保鸡丁，家乡的味道让久病的巧克力妹妹恢复了一点胃口。遇到两个酷酷的重庆妹儿，表姐妹，一个念大学一个高中毕业，结伴骑摩托车旅行。她们也处于水土适应期，我忙赠送止泻药。她们说拉萨住宿非常紧张，为我提供布达拉宫附近一家重庆人开的小招待所电话，以防万一。

回到青年旅舍，住同一层楼的摩托车大哥激动地与我们分享他的新发现——他在杜巴广场见到了现任活女神，并给我们看他录的短视频。巧克力妹妹的日记记录下了这段故事。

莲花上的孤独女神

昨天下午，我和妈妈在加德满都的青年旅舍遇到一位叔叔。他在王宫广场偶遇尼泊尔的活女神普瑞迪释迦，她在下午四点出来赐福信徒。

叔叔拍摄下一幕扣人心弦的短视频——一个和我一样大的美丽女孩，画着浓厚的黑色眼影，穿着红色的华贵长袍，挽着高高的乌亮发髻，有时被僧侣抱着，有时坐在莲花宝座上，任由人潮涌动，相机闪光灯闪烁，她始终面无表情，落寞的眼睛越过朝拜她的子民，和王宫广场的古老空气融为一体。几位黑衣警官紧跟其后，保卫着深受国民崇拜的女神。过一会儿，女神又在警卫的掩护下，被抱回寝宫。

活女神制度可以追溯到16世纪，活女神代表着智慧和力量，是王室的庇护神，有点像布达拉宫的活佛。挑选活女神的条件极其苛刻，被挑选的小女孩必须具备32种美德，出身清白，不能有任何瑕疵，不能生病，脚不沾土，手不沾尘。脖子像贝壳般发亮，身体像菩提树般挺拔，睫毛像母牛睫毛般锐利，腿像鹿儿般笔直，眼睛和头发必须黑得发亮，手脚必须修长漂亮。当然，要担任全体尼泊尔人共同的活女神，还必须拥有超出常人的冷静和无畏。女孩的星座必须和国王一致；女孩的身上不能有任何伤疤，不能生过病流过血。她还必须不惧黑暗，能同祭祀用的羊头和水牛头共处一室待上一夜。事实上这哪里是做女神呀？这个女孩简直就是佛教、印度教和尼泊尔王室的牺牲品。活女神退休后，大多做不回凡人了。她们的童年已被宗教和王权偷走，没有受过正常的教育，而且会被视为不祥的化身，会给他人带来不幸。到现在为止，只有很少几位活女神在退休后过上了幸福安稳的生活，大多数女神褪下光环后的下半生是孤苦贫穷的。

在尼泊尔这个善良快乐的国家，居然有如此可怕的制度，我为这个莲花宝座上的女孩鸣不平。当小普瑞迪坐在王宫的窗前，俯瞰广场上同龄的孩子欢笑、跑跳，而不能表达喜怒哀乐的她心中会是怎样的滋味呢？

信仰之城——巴德岗

巧克力妹妹身体刚恢复，我们就立刻动身去了第二个杜巴广场——宁静大气的巴德岗，它被称作"信仰之城"。

下出租车时，中年司机手舞足蹈跟我大讲尼泊尔语。我茫然看着他，不知所措。这时，一个我今生见过的最帅的男子出现了。他用清晰的英语帮我翻译，原来司机愿意等待，以便载我们回去。我点头答应。英俊的男子迈克问我们需不需要导游。他长得实在太好看，而且据说巴德岗大街小巷像迷宫，我无法抗拒。他说正规导游收费800卢比，他只需300卢比。他本是登山导游，雨季客人不多，临时来王宫广场讲解。我顺口问200卢比可以吗，他爽快答应。

此举非常明智。迈克英语流利，介绍景点相当专业。他身上穿的衣服说明他还为某个国际志愿者机构工作，这在尼泊尔本地人中并不多见，使我对他好感倍增。我在尼泊尔认识的男士中，迈克形象气质教养当属第一。

巴德岗杜巴广场很大，分为杜巴广场、陶巴迪广场、陶器广场、塔丘帕街旧城广场五部分。

进城门后一群小朋友跑来，拉着巧克力妹妹的手好奇地问长问短，要求交友。如此热情可爱的要求当然不能拒绝。在她们身后有一道铁门，里面是一个学校的庭院。校门口有一座精美的神像雕塑。迈克说这座雕像很得马拉王欢心，为防止第二件这样的艺术品诞生，他命人砍去艺术家的手臂。我们倒吸一口冷气，在这幅绝世的作品前驻足默哀。

对比加德满都杜巴广场的繁华喧嚣，我第一眼就爱上这组中世纪的建筑群。长达500年的马拉王朝王宫，为后世留下艺术价值极高的宫殿、庭院、寺庙、雕像等，被誉为"中世纪尼泊尔艺术的精华和宝库"。黄金门和佛罗伦萨的天堂之门号称世界最著名的两大门廊之一，有荷枪实弹的士兵守卫。

巴德冈的尼亚塔波拉庙是尼泊尔最高的印度教神庙，高30米，供奉"吉祥天女"。她的108个风格迥异的化身被雕刻在屋檐下，华丽地支撑着庞大的屋顶。这座最高的神庙现在是尼泊尔旅游的标志。它挺立在尼泊尔的数次大地震后，巍然高耸，宛若神迹。

坐落在广场西面的尼亚塔波拉餐厅前身是传统宝塔式庙。因为地震创伤，重建后改成餐厅。在三楼靠阳台的位置坐下，俯瞰广场，吃炸鸡喝冰镇可乐，是静止的午后惬意的选择。

至于五层塔附近的陶器广场，是巧克力妹妹最感兴趣的地方。

迈克是出色的导游，他讲解生动，人耐心温和。我原以为他会像中国的景区导游一样，半小时讲完就走，谁知他陪我们三个小时，慢慢地走。他喜欢小孩，家里有一个六岁的儿子。他非常羡慕我们母女的状态，女性如此自由在尼泊尔是无法想象的。我邀请他有机会来中国玩。还开玩笑说他长得这么好看，英语又好，拥有户外生存技能，完全可以当教练或拍电影。迈克羞涩地笑着，低头不语。

我加倍给他讲解费，鼓励他给儿子更好的教育。我说在中国，像他这样有职业道德，善于学习，积极向上的青年，可以做得更好的。

面朝喜马拉雅冥想

距加德满都30公里的河谷东北角，是欣赏喜马拉雅山脉连绵雪山的胜地。世界前十座最高峰，可见五座，从西面的道拉吉里峰到东面的珠峰一览无余。村庄在山顶上，周围环绕梯田，油菜花开时映衬远方的雪山，美极了。

上山途中经过军营，战士们绿甲圆帽，体格修长，我想起《藏地密码》中的蓝蜘蛛和廓尔喀雇佣兵。一方水土养育一方人，在中国是"南方的才子北方的将，陕西的黄土埋皇上"。在尼泊尔，夏尔巴人适合高山徒步攀登，廓尔喀人适合征战。来自印度和蒙古的廓尔喀人聚居在尼泊尔中西部山区。18世纪中叶，廓尔喀国王战胜马拉王朝，统一尼泊尔。骁勇善战的廓尔喀人从此名声大振，反曲开刃的廓尔喀弯刀也随雇佣兵一起扬名世界。当地人以把儿子送入部队为荣，一个廓尔喀士兵意味着整个大家族生活品质的提高。我心中有一种难以言表的感情，为金钱而战的廓尔喀战士，他们是否为自己的身份感到骄傲？

山风清凉，我们披上外衣。享受着绝美的山路，加德满都山谷渐渐呈现在我们面前。出租车驶进度假村。司机比画手势让我们尽情玩，他在车上等待。

我们循喜马拉雅雪山方向走过去。工作人员说，看喜马拉雅山最好的时间是清晨和傍晚，今天有云，看不到。我们很失望。

山坡尽头，我看到一尊老人的雕像，遗世独立地面朝喜马拉雅，面色祥和，虔诚祈祷。我们和他并排而站，遥望喜马拉雅山方向，听着风吟，沐着松涛，远远地对着厚厚雨雾后的喜马拉雅行注目礼。

在度假村的礼品店里，我们看到了雕像的介绍。他是生于印度长在美国的心灵导师，名叫钦莫伊。他的神秘主义诗歌和心灵哲学演讲，深受牛津、剑桥、哈佛、耶鲁等大学学子好评。大师热衷运动，跑过许多次马拉松，横渡英吉利海峡，攀登世界众多高峰，曾创小腿举重和单臂举重世界纪录。大师说："世界上有无数人不相信内在的力量或生活。他们觉得外在的生活才是一切，我不同意。我们有内在的生活，有灵性，我有能力可以举重证明精神力量也可以作用在物质上。我是用身体在举重，但力量来自于一种内在的本源，它来自于我们的沉思默祷。"

终没等到云开雾散，珠穆朗玛，我们无缘得见。但面对喜马拉雅思考心灵大师的哲理，也是人生难得的际遇吧！

帕坦广场——游走在古老和现实的边缘

在尼泊尔的最后一天。我想看焚尸广场，巧克力妹妹害怕，只得作罢。她翻着新朋友的导游书说，已去过两个杜巴广场，为什么不去最后一个?

帕坦，即艺术商业之城，孕育了很多杰出的手工艺人，特别是建筑工匠和金属工匠。据说，加德满都河谷的古建筑大多出自古代帕坦工匠之手，元代来华从事寺庙营造的尼泊尔工匠们也多是帕坦人。相比另外两个，帕坦杜巴广场更加多样化，完整和精美，一个神庙挨着一个神庙。庙比房多，神比人多。

今天的帕坦广场富有生活气息，世俗而生动。天天看庙宇，我略觉疲劳，巧克力妹妹却不知疲倦地探索观察。一群衣衫破旧的尼泊尔小朋友围住坐在石阶上休息的我，问我是不是教英语的志愿者老师。我很开心，逗他们说"是呀"。于是，孩子们找我练口语。在尼泊尔，懂英语意味着更多的工作机会和高收入，小孩们很好学。其中一个长着美丽大眼睛的女孩看中我的电子书，向我索取。我为难了，小姑娘建议那送糖果好了。我在包里翻出一把棒棒糖，小孩们接过去欢天喜地地分了。对于布施，我的态度很纠结，更倾向于把救援物资捐给学校或教育机构，现在这样的施舍会让孩子们养成乞讨的坏习惯，削弱她们父母的抚养能力。可是，面对那双美丽的大眼睛，我很难拒绝。

我们准备回泰美尔，四下打量，只有当地人坐的三轮小巴。我问司机去不去泰美尔，司机听不懂英语。一名乘客用断断续续的英语告诉我，三轮小巴的终点站距离泰美尔不远。下雨了，我拉着巧克力妹妹赶紧上车。只有一个座位，我抱着女儿，挤在一群真正的尼泊尔市民中，心中有些兴奋。中途会说英语的乘客下车了，他同情地看了我们母女一眼，挥手道别。颠簸了好久，到了一个有些眼熟的地方，大家都下车，貌似终点站。我递给司机10卢比，他找了我一大把，应该车费很便宜，一两卢比（人民币一两毛钱）的样子。

太酷了！当地公共汽车初体验！可是，这是什么地方？回去的路在哪里？我和巧克力妹妹站在雨中，被淋得眼前一片模糊。但我们牵着彼此的手，对前路充满了信心。一路跌跌撞撞，有彼此的陪伴，这样的瞬间终会转化为旅途中的火花，也正是人生旅途中的这些瞬间，打好了我们母女之间默契的底色，把我们转化成彼此最信任的心灵相通的朋友。

当月光洒满珠穆朗玛

尼泊尔这个天堂般的国度在我心中留下了太美好的记忆，祝福印度洋湿润的海风永久地熄灭战火，祝福淳朴友好的尼泊尔人民过上更好的生活。来过，别过，爱过这个美丽的国度。

飞机在拉萨贡嘎机场降落。面颊上飞漾高原红的安检阿姨亲切地对巧克力妹妹说："小卓玛，欢迎回国！"小卓玛笑颜如花，终于回家了！

天蓝得宽阔耀眼，氧气稀薄得呼吸短促，云的阴影投在山上，染出巨大的光斑。比起温柔繁华的加德满都，苍凉荒芜的高原似换了人间。

拉萨是一座不寂寞的城市，缺氧气，不缺友情。我们在短短几天内，交友无数。来自深圳的小张，遇到四处找旅馆的我，热心推荐他住的藏族民宿，掩在八角街对面深巷中，干净宽敞，一晚150元，在住宿紧缺的夏季拉萨，奇货可居。来自成都的小杨去布达拉宫通宵排队买票，愿意帮我们母女带两张，我一见他就信任，毫不迟疑给他钱和身份证；为表感谢，我们把刚找到的物美价廉的民宿送给他们住。

一天我和巧克力妹妹从布达拉宫出来，发现一家卤菜摊，称了一斤牦牛肉，坐在路边奋力撕啃。一个说话缓慢吃力的青年搭讪："阿姨，您想拼车去珠峰吗？"我和巧克力妹妹抹抹嘴，噎下一大口肉，点头。青年说："那您把电话留给我，我再去捡个人。"很快，第四个同伙找到了，宽眉大眼的贵州女孩小鄢。我们四人合租一辆陆地巡洋舰，约好第二天去珠峰。

青年叫本，原籍广州，初中出国念书，大学毕业后定居加拿大，在公司职位越做越高，时间却越来越少，工作耗尽所有力气，回家只剩下吃饭睡觉的能量。突然有一天，本觉着这样的人生有点问题，于是请两个月假，在加拿大玩一圈后，飞到拉萨来。他想去尼泊尔，因为没带旧护照，没法签证，于是满大街拉人入伙去珠峰。

小鄢是军队高干家的千金小姐，既傲娇又豪爽。她新婚不久，和老公吵了一架，离家出走来西藏散心。在日喀则，半夜风大，她敲醒我们，可怜地说："QQ姐姐，我很害怕，在你们房间的沙发上睡半宿可不可以？"小鄢喜欢热闹，特别乐意请我们三个吃肉喝酒，我们开心她就开心，她食量小，笑着看我们吃。她唯一不离手的是一台出门前朋友送的平板电脑，听音乐上网拍照打电话，十八般武器样样都有，看得我这科技含量极低的女人好羡慕。那时我甚至不知道那个宝贝叫iPad。

拉日公路风光很美，白雪皑皑的山峰，浊浪滚滚的雅鲁藏布江，金灿灿的高原油菜花，晶亮挺拔的杨木，一路相伴，宛若视觉的盛宴。

珠峰边防站，黝黑的边防战士检查我们的边防证和身份证。战士们笔直的身板和暗色的脸庞很迷人，我偷拍被发现，照片被铁面无私地删除。

从定日到珠峰一号营地，距离100公里，山高路弯，路面起伏，我们走得辛苦，满面尘土中，高反渐渐加重。一路景象并不养眼，高寒冻土，地质贫瘠，植株矮小，动物稀少，人影也只偶尔得见。

傍晚四点左右，喜马拉雅山脉清晰呈现。修路工人告诉我们，半小时前都有雾，现在突然云开雾散，我们也许有机会一睹圣山真面目。我们十分欣喜，路途艰辛不要紧，就怕到了山脚，云遮雾绕，连珠峰的倩影都不得一见。

在公路道班的修路平台休息片刻，有藏族孩子前来兜售纪念品。高原生活物资贫乏，生活艰难，我对这里的孩子充满爱怜，本来背包里准备了不少礼物。可即使珠峰这么偏僻的地方，藏民的生活还是被旅游业污染，孩子们并不淳朴，乞讨已成一种职业。一见车停，光腚娃儿一拥而上，无数手伸进车里，嘴里熟练地喊："爸爸妈妈！给我糖果！给我钱！"我心中一阵难受，一面拿出衣服，给赤裸的孩子穿上，一面暗下决心，下次不能随意布施，这样的布施实际上在削弱父母抚育孩子们的责任心，养成孩子们寄生的习惯。我带了一包学习用具，准备送给学校。

单调的土路仿佛没有尽头，翻过不知多少5000米以上的垭口，珠峰越来越大，明明白白地在前方。刚刚下了一场雨，现在云开雾散——灰白的云气仿似一个画框，正好框住珠峰大气淡定的脸。我们心中的激动不是一点点，万水千山走来，只为相见。

本脱了借来的军大衣，穿着球衣短裤站在高寒冻土上——他是足球队长，在珠峰前留影时必须身着他深爱的球衣。

下午五点左右，我们来到珠峰大本营的绒布寺宾馆。

我头痛欲裂，看着宾馆的十几阶楼梯，一声叹息，坐在楼梯上干喘气。巧克力妹妹没有任何不适，她拖着大包小包，上楼下楼帮大家安营扎寨。

我好不容易挣扎着爬上三楼，房间正对珠峰，窗户就是相框，外面光影变幻，珠峰渐渐消失在暮色中，然后又出现在银色的月辉下——四周一片漆黑，只有珠峰雪白皎洁，清晰可见。

夜晚，餐厅里有七八个来自世界各地的游客，烤火，喝啤酒，吃牦牛肉。巧克力妹妹和本呼哧呼哧吸牦牛肉面，十元一碗，美味足量。小鄢和我半死不活，倒在炕上，不吃不喝不动，浑身难受。巧克力妹妹可怜我，摸着我的头发唱"睡吧，睡吧，我亲爱的妈妈……"

回到房间，我和巧克力妹妹一言不发地依偎在床前，静静凝视圣洁的月光洒满珠穆朗玛。身在喜马拉雅山脉上，这座地球上最高的山，看起来并不高，她南面的洛子峰，北面的章子峰，西面的努子峰，因为陡峭，乍眼一看都和珠峰不相上下，甚至洛子峰视觉上还给人以错觉，仿佛比珠峰还高。忘掉那些伟大的数字吧，只用最纯真的赤子之心来爱我们的雪山妈妈就可以了。她的乳汁曾经那么充沛，流过南亚注入印度洋，可是，雪山妈妈的乳汁正在干涸。当雪山积雪减少，积雪化水断流时，等待我们的将是什么？

永远不会忘记这一夜——勇敢的本，真诚的小鄢，心爱的巧克力妹妹，我们四个，曾经这样相逢相知相伴在珠峰的月光下。

因为伟大，所以渺小

在海拔5250米的高原醒来，神清气爽，不适感消失得无影无踪。雪域高原洁净的冷空气新鲜得不真实，让我不知身在人间还是天堂。

用沁人心脾的雪山化水洗脸漱口后，我们去找本和小鄢。小鄢一夜吸氧，活生生把煤气罐大小的一筒氧都吸完，高原反应仍未缓解。我在日喀则买的氧正好送她。本诉苦说小鄢"咕咕"吸氧的声音吵得他通宵睡不着，他也开始产生高原反应。巧克力妹妹是我们此行唯一没有高原反应的人。

从绒布寺到一号大本营有两个选择：乘坐20元的环保车或步行一个小时左右进去。为保存体力，我们选择坐车。到大本营，巧克力妹妹惊讶地发现，在沙砾堆积的地面上有小草和小花生长，天空中有鸽子在飞翔。生命，无处不在，多么值得敬畏！

珠峰的雪山仿佛近在咫尺，但又遥远得不可触及。我很想再往里走。本和巧克力妹妹也想多走走，他们想触摸珠峰的亘古积雪。小鄢不奉陪了，她去军帐和边防战士们唠嗑，等我们回来。

翻过经幡飞舞的小山头后，那边是空无一人的荒野，静静地绵延向珠峰的山脚。偶尔看见一辆巡逻的越野车，除此之外再无生命迹象。

山势起伏很小，慢慢行走不觉得累。

我们来到一条积雪化成的小溪前，无法穿着鞋涉溪而过，也不可能纵身飞跃，我们就这样被难住了。抬头一看，每过几百米就有这样一条溪流，纵横交错，哗哗作响。

本说他不过溪流了。巧克力妹妹上上下下寻找窄一点的地方，希望可以踩着石头过。我干脆脱了鞋子投过去，然后把裤子挽至大腿，涉水过去。雪山化水，刺骨的冰，很快脚就没了知觉；水深处过膝盖没大腿。我冷得直哆嗦，好歹过了第一条小溪。我让巧克力妹妹过来，她嫌冷；我想背她过河，她不乐意；而且我有点担心，石头又滑又扎脚，万一摔倒，在这里感冒那是要命的事。我不再强求，她留在溪流的对面和本哥哥玩，我继续前进。

过了四条河，冻得我犹如披霜浴雪，这才坐下，就着阳光晒干水分，休息喘气。巧克力妹妹大叫"妈妈"，把我从记忆里唤回。

我看着她灿烂的笑容，一阵内疚，我是不是以某种形式，把自己的生活方式强加于她？貌似民主的我本质是否专制？

我问她："宝儿，你喜欢这样在外面旅行吗？你不必非要陪妈妈，你可以选择自己喜欢的假期！"

巧克力妹妹睁大亮晶晶的眼睛，萌萌地回答："我喜欢和妈妈一起旅游，以后我长大了还要和妈妈一起看世界！只是，我也希望和同学们一起去夏令营，毕竟和好朋友在一起很快乐！"

我认真地说："记住，不要让别人帮你选择你的人生，即使是妈妈也不可以！"

巧克力妹妹认真地点头。

走得再远，也要回家

离开珠峰后，我们原计划去林芝看看雅鲁藏布江大峡谷，远望号称世界最美的南迦巴瓦。突然被一阵疲惫袭倒，我只想蜷缩在拉萨的阳光里喝酥油茶。巧克力妹妹正好有很多假期作业要做。不过回家半年后，她说还是应该去，因为语文课上学到了雅鲁藏布江大峡谷，眼见为实，如此的壮阔因懒惰错过，实在遗憾。她又少年老成地点评："留点遗憾也好，下次我们才可以又去西藏嘛！"

在拉萨四天，我们基本上都窝在客栈里，我躺在床上看完整整一套《藏地密码》的电子书，巧克力妹妹完成了所有作业。

一天，我们出去找饭吃时，巧克力妹妹突然对空气中酥油茶的味道有点腻烦了，她想念重庆的火锅。

我们该回去了。

临走前一天，我们去了大昭寺。祭拜了宫殿里的释迦牟尼12岁等身像，为妈妈和姐姐请了开光的天珠。百无聊赖，我们爬到大昭寺屋顶上去晒太阳，逗猫咪，看远处红山上的布达拉宫。巧克力妹妹参观完，上屋顶来找我，依偎在我的身边，说她想家啦！

是该回家了。明天就回！

走得再远，也要回家！

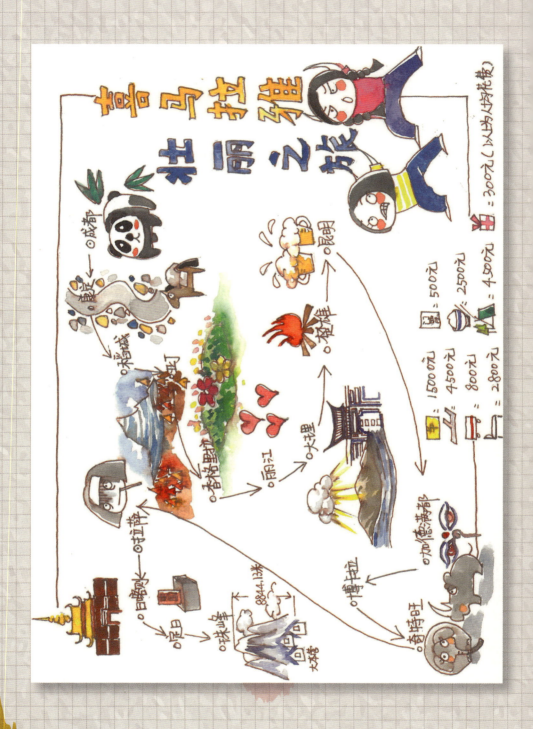

Chapter 3

老挝、柬埔寨

——追逐中南半岛的温暖冬阳

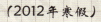

（2012年寒假）

适合所有年龄段的艺术之旅。重庆—万象—巴色—暹粒—西哈努克—金边—广州，14天，人均花费6000元。当地人对中国人非常友好，消费也低，办理签证无难度。建议在吴哥王城留足时间，5～7天比较合适，不需要急着看完所有的景点，慢下来，在街头喝饮料，在吴哥窟的石阶上坐着看书画画，在森林中徒步……这样，吴哥的美才能真正呈现。西哈努克的海很宁静，当地唯一的五星酒店索卡所在的海滩，即使在春节期间，也是人迹罕至。在老挝和柬埔寨，唯一需要考虑的安全隐患就是地雷，只要不离开步道，不进入密林深处，就不会受到地雷威胁。柬埔寨有很多战争孤儿和地雷受害者，需要经济、教育、医疗和心灵的援助，带孩子在旅途中帮助他人，对孩子也是极好的教育。

旅途阅读书目：《亚洲教父》《越南越美：越南零钱惊艳之旅》《明朝那些事儿》《天使在人间：儿子对奥黛丽·赫本的记述》《史蒂夫·乔布斯传》和蔡志忠的漫画《孟子》《LP老挝-孤独星球Lonely Planet旅行指南系列：老挝》《LP柬埔寨-孤独星球Lonely Planet旅行指南系列：柬埔寨》

相约中南半岛

表妹琪琪问："老姐，有兴趣去柬埔寨不？我想去吴哥窟画画！"

巧克力妹妹附和："老妈，我也想和小姨去吴哥窟画画。对了，吴哥窟是什么？莫高窟的哥哥吗？"

我们哈哈大笑。稍作解释后，我心中一动，穿越千年的光影，"万庙之庙"在那一瞬间，深深把我呼唤。

就在那一刻，我们愉快地决定了，这个寒假去吴哥窟！

说去就去，我立刻上网订了机票，办好了签证，换好了美元，买好了保险，准备齐全了装备……

第一次和表妹远行，我俩有些忐忑。虽然成长中一直相伴，我直率自我的性格会让她失望吗？小表妹长成了大姑娘，我能适应她的生活方式吗？我们约好，彼此尊重，互相帮助，但不相互依赖。

结果证明，表妹做得很棒。在路上，她成长迅速，变得独立负责，懂得关爱和分享。学艺术的她不断汲取灵感，创作出很多作品。我们约定将来一起探索更大的世界，一起出书，她画画，我和巧克力妹妹写字。

薛二哥的小女儿雪儿，和巧克力妹妹是朋友，看到巧克力妹妹要去旅行，雪儿撒了个娇，老爹薛二哥立马丢下工作，带着女儿和我们同行。

我们一行人飞向浪漫多情而又苦难深重的中南半岛！

穿越老挝的漫长日夜

第一站——老挝万象

飞万象的航班，人少而安静。

走出万象瓦岱机场，我们热得满脸通红，脱下厚衣服，只剩T恤单裤。

出租车载我们去城区找酒店。自助游手册推荐的客栈客满，我们沿着湄公河寻觅。只一夜，不想劳神，进了一家很大众化的莎伦诗雅酒店，没特色，但是安全干净。

我们对万象一无所知，连城市的发音都是在候机时一个法国帅哥教会的。百度一下，才知万象和泰国隔湄公河相望，城市形如新月，被称为"月亮城"；盛产檀木，又叫"檀木之城"。

走在街头，心情舒畅，人口稀少街道宽敞，车开得慢悠悠。城市建筑优雅精致，阳台垂下花篮植物，藤蔓慵懒舒缓，怀旧版甲壳虫轿车比比皆是，甜品店、水果店、工艺品店井然有序，全无尼泊尔的拥挤脏乱。

万象佛教气息浓郁，随处可见寺庙古塔。作为曾经的法属殖民地，法国人修了凯旋门。法国人走后，老挝人民在凯旋门顶上加了一层佛塔。

傍晚，薛二哥凭直觉找家路边摊吃晚饭。我们仿照当地人点了冰咸鱼，干牛肉，野生菜，每样试一口后，紧紧闭嘴，不肯尝第二口。酸辣咸臭味同嚼蜡！要是中南半岛的食物都这个味道，如何了得！琪琪恐慌地买了一袋饼干以防饿死，巧克力妹妹饿得流清口水。还好遇见甜品店，喝到鲜榨柠果奶昔，我们于绝望中看到希望。

晚上，姐妹仨睡一个房间。夜色如水，清凉静谧，我和巧克力妹妹睡得死气沉沉。酒店提供免费早餐，健康美味。简单自助餐加老挝猪肉面条，我们吃得饱饱的，恢复了对美食的信心。

我们决定坐长途客车去巴色，再乘小飞机到暹粒。无知者无畏，我们背着大包小包，带着年幼的孩子，爬上连安全带也没有的当地长途车。买了一包便宜的山竹，我们五个人的笑脸在阳光下明媚绽放。"坐公共汽车穿越老挝"，想想都让人兴奋。客车最后一排，安静的韩国少年散发着那个年龄特有的孤独感和疏远感，不知何时已俘获了琪琪的芳心。

蓝色车体，金色光束，客满，过道塞满板凳，一点富余空间不剩，可每个人轻轻说话，轻声呼吸。老挝给人的感觉极美好，温暖平和，安静厚道，不紧不慢。

巧克力妹妹晕车，慢性子的中年司机大哥安排我们坐前排，为表感谢，我送他一只可爱的铅笔，他咧嘴一笑，把笔顺手插进胸前的衬衣口袋。他的助手是一个十六七岁的少年。车内拥挤，他无法正常行走，猿猴般在乘客头顶上跃来跃去。奇怪的是，包括我自己在内，并无被冒犯的感觉。客人坐了他的位置，少年把自己挂在车门外，暖风猎猎吹起他红白相间的外衣。他和奔驰的车子合二为一了。

停车频繁，售票少年买一包糯米饭和叉烧肉，和司机分吃。不见他们洗手，随意抓起一块肉，在酱包里蘸蘸塞进嘴里，又抓一坨糯米填进口中。司机还买了一根巨大的法棍面包，掰一块大嚼。他们吃得津津有味，我们肚子也饿了。

去路边买一包糯米饭。巧克力妹妹想吃的烤鸡，看着实在脏。苍蝇爬过，小贩在火上烤烤又卖，当地人不以为然。巧克力妹妹在尼泊尔上吐下泻的经历给我留下太深阴影，所以任她央求，我坚决不许。我们姐妹仨就着自带的香菇酱吃糯米饭，挺美味，山竹当甜品。雪儿妹妹完全可以左右她老爹。不知她用了什么办法，很快搞回一只烤鸡，馋得巧克力妹妹口水长流。

沿着风景如画的湄公河，客车停停走走，节奏缓慢。公路平坦，车辆稀少，阳光明媚，暖风习习，适合骑自行车。停车时，乘客走进丛林解手。我担心地雷，忙招呼大家不要走得太深；一开始不习惯，后来渐渐觉得幕天席地的厕所倒也令人愉悦。

不知不觉到傍晚。听不懂他们说话，看不懂路牌，我们不知身在何处。停车很长时间，大约一个半小时，货箱里搬下十来袋蔬菜放在路边，车在路边枯等。残阳如血，洒在人迹罕至的路上，有些凄凉。

琪琪问我："姐，那个男的怎样？"顺她目光，一个中等身高，二十出头的亚洲少年，戴着耳机，安静地站在夕阳下等待。他站在人群边缘，并无搭讪的意向。我不知道怎么回答琪琪。我不喜欢评价他人，内心拘谨自卑，与陌生人交往很谨慎。琪琪对他有好感，我说服自己找机会和他说几句话。

机会很快就来了。晚上九点，又停车了，在农贸市场。巧克力妹妹再次哀求我买烤鸡。我们找一家较干净的摊子，问烤鸡价格。亚洲味很足的英语在我耳边说："一只两美元，味道不错。"我转头一看，正是那个韩国少年。我边买烤鸡边和他聊天。他是大学生，假期去美丽的沙湾拿吉当志愿者，教英文。我正犹豫要不要问他要联系方式，毕竟路上的邂逅不靠谱。这时司机喊开车，我们坐在一头一尾，从不同的门上车。想着还有机会，反正这条路无穷无尽的样子。但我失算了，一个小时后，车再次停下，司机喊"沙湾拿吉"。安静的韩国少年下车了，琪琪甚至没和他说一句话。这次中南半岛之行于她，是人生第一次出国，这个少年和"沙湾拿吉"，成了琪琪青春回忆中的一次心跳。谢谢你，沙湾拿吉！

接下来的经历令人胆战心惊。一个小时后再次停车。司机点了一桌菜，喝酒吃肉。酒足饭饱后，他手握方向盘继续上路。我惊愕地指着他的空酒瓶，又指方向盘，他笑；我做出睡觉的姿势，他还笑；我指着目的地巴色的车票，他又笑；问车上的人，大家笑着摆手表示不明白。

原本说好的到站时间，我们才走一半。第二天下午的飞机从巴色飞暹粒，我们连几时到巴色都不得知。经考证，老挝人完全没时间概念。

茫茫黑夜中，一辆孤独的大巴，奔跑在无边的荒野上。我叹了口气，安慰琪琪和薛二哥他们，穿上抓绒衣服，用丝巾把巧克力妹妹牢牢捆在座位上。睡吧。

巧克力妹妹睡得很熟，我几乎没睡着。明知司机开了一整天的车；明知他喝了酒；不知身在何处；不知能否赶上飞机……奇怪的是，我心中平静得很。

世间最美的清晨

凌晨五点，车在菜市场停下。

不远处有气派的酒店，我怂恿琪琪去看，如果不贵开个钟点房睡几个小时，等天亮再去坐飞机。结果酒店很贵，我们悻悻回车上。

车又开了一个小时，司机和售票员嚷嚷："巴色！巴色！"我们一行人睡眼惺忪地下车，站在一片荒凉中，迎着冉冉升起的太阳，我们茫然四顾。

好不容易看到一位老农，我说英语，薛二哥说重庆话，琪琪画画，巧克力妹妹比画动作，雪儿唱歌，用尽各种招数，他也不知道我们想表达什么。

我们拦住过路车辆。司机很困惑，对着车厢里大声说着什么。一会儿，一个说英语的嬉皮士带着宿醉下车，解释这辆公共汽车去往柬埔寨的暹粒，但他不知道现在的所在地。我说我们要去巴色机场，他耸耸肩表示无能为力。看着汽车绝尘而去，我们真后悔。地图上看老挝无公路通往柬埔寨暹粒，打电话问中国大使馆，他们也不推荐从陆路去暹粒。

在这人迹罕至的僻静公路上，上帝终于送来一辆供两人坐的嘟嘟车。用尽肢体语言和图画语言，司机终于领会，示意我们上车。薛二哥抱雪儿，雪儿抱背包，我抱琪琪，琪琪抱巧克力妹妹，巧克力妹妹抱我们仨的包。嘟嘟车像只负重的小乌龟，颤颤巍巍地上路了。

从这个尴尬的视角，我看到了世间最美的景象：清晨的太阳在疏密有致的菩提树间冉冉升起，阳光洒满褐红的田野，照亮各种层次的绿。朝阳斜巷，一群穿橙色僧衣的比丘从庙宇里鱼贯而出。原住民们悄无声息离开家门，手捧滚着露珠的蔬果，新蒸的糯米饭，精美瓦罐盛豆汤，在路边跪下，僧侣们自然从容地取走布施，回寺庙开始一天的功课，为虔诚的信徒祈福。双方的表情都波澜不惊，有种灵犀互通的理解，更有一种相知信任的默契。我的心一阵剧烈颤抖，对宗教的感知，在那一瞬间醒来。这样的感动，在尼泊尔的巨大佛眼前都没有。战栗余震中，我陷入静默。

嘟嘟车到机场，我们把下午的机票改签为即将起飞的航班，一小时后在柬埔寨暹粒机场落地。灿烂千阳洒满周身，我才回过神来。那几个小时，我仿佛感知到我的小宇宙，有一种俯瞰到自己身体的感觉。我感受到了宗教的温度，温暖，平和，持久，蕴含着我所向往的力度。

高棉的微笑

暹粒，为吴哥而生的城市

出发前两天，我去图书馆借了一大堆书和杂志。其中一本介绍吴哥窟的《时尚旅游》杂志，讲十大最具吴哥特色的地方。这本杂志帮了大忙，为我们提供了很中意的大众观光客栈。按照杂志提供的邮箱，我在这家拥有浪漫屋顶花园的客栈预订了每晚17美元的标间。

海关腐败果然存在，工作人员坐在高台后怪腔怪调："小费……小费……人民币。"我嗤之以鼻，任他重复千遍，一概"听不懂"。他不敢公然勒索，也不敢耽误太久，乘客但凡不理，他也只能放行。琪琪说海关工作人员也对她一直说话，她真心没听懂，糊里糊涂入境。

机场设施齐全，警察彬彬有礼。我们随便选一家电话卡店买了柬埔寨当地卡和流量。

我给客栈打电话。很快，老板派老式丰田车来接机。一切井然有序。我们很喜欢二楼的房间，整洁紧凑，有空调和干净的卫生间，紧邻阳台和美丽的屋顶花园餐厅。热带植物茂盛的屋顶花园是上网看书喝茶聊天的好地方。我们去绿意盎然的屋顶餐厅吃饭。巧克力妹妹吃牛排土豆，我和琪琪吃当地特色餐——洞里萨湖鱼熬的酸菜咖喱浓汤，浇到甜糯的米饭上，配上冰凉的鲜榨杧果汁，相当可口。

暹粒给我的第一印象是明快，其次是干净。暹粒是为吴哥而生的城市。

为解决游客的食宿问题，吴哥城的旁边，兴起了这个设施齐全，树荫摇曳的美丽小城。这里有穿城而过的洞里萨湖支流河，有吴哥博物馆，高雅的画廊艺术馆，昂贵的仙女舞表演和随处可见的残疾人乐团。这里私密优雅的泰式按摩弥漫着精油的芳香，露天大排档的足底按摩，栉比鳞次的小摊食肆大排档，静静等待着来自世界各地的客人。这里还有格调高雅的西餐厅，晒得斑驳的北欧老人坐在里面含情凝视；法式风情的暖色调小楼临街而立，精致浪漫。

我很惊讶——老挝和柬埔寨是世界公认的全世界最贫穷落后的地区之一，深处它们的城市心脏，感受到的却是井然有序和欣欣向荣。

吴哥王城的黄昏——巴肯山夕阳如血

吃完饭，任巧克力妹妹无比兴奋地想出去玩，我严令她躺下来午睡。坐着蜗牛般的客车耗时一天一夜穿越老挝，我们的体力已完全透支。酣睡三个小时，阳光的热度渐退，我们才出发去巴肯山看日落。

车上，我给孩子们讲柬埔寨这个没落帝国的辉煌历史。我们现在正行走在这片伟大神奇又多灾多难的土地上。追忆它的过去，见证它的当下。

出城后没多久，洞里萨湖出现。旱季蓄水量最少，但湖面依然广阔——"万庙之庙"吴哥窟，神秘伟岸，浮在湖面上——湖很大，庙很大，大得让人觉得凡尔赛宫什么的就是一个沙盘。孩子们在湖边放风筝，追逐嬉戏；几个家庭在草坪上铺着野餐布，闲适地或坐或躺，吃喝欢笑；湖边有菩提树，枝条粗大，婀娜生姿。

吴哥门票分为一日票（20美元）、三日票（40美元）和七日票（60美元），儿童免费。下午五点后免费，门票从次日上午计算。我们买了三日票。

巴肯山是免费项目。它在王城以南400米处，是欣赏吴哥日落的最佳视角。嘟嘟车到巴肯山下，已是五点半。上山下山人流如织，我们恍惚来到国内某知名景点。嘈杂中，我感受到惊世的美。巴肯山是红土，残阳如血。不远处，洞里萨湖波光粼粼，金蛇万道。吴哥窟充满灵性和对称的菠萝形庙宇，给人以视觉和感觉上的巨大震撼。天工和人工之美的完美融合，让我呼吸困难，灵魂飞出体外，琪琪在吴哥的哥特之美中战栗。

巴肯山是吴哥的龙脉，是第一座寺庙山，共七层，代表印度教七重天。我们来晚了，保安禁止登庙，只能待在一重天脚下，仰望七重天。我们找到一方断壁残垣，静静透过树的缝隙看落日。

我们慢慢步行下山，怕误入丛林踩到地雷，薛二哥和琪琪用手电筒照路。真是好样的，准备充分！

我们在街上看到一家近似必胜客的餐厅，每人三四十元钱吃得很满意，还不用给小费。坐在餐厅的阳台上，融入暹粒彩色的夜晚，看高大整齐的行道树下来自全世界的情侣牵手亲吻。暹粒的夜，弥漫着浪漫的气息。

吴哥寺——众神的花园

因为天热灰大，我的眼睛发炎了，又酸又涩，眼前仿佛弥漫着一层薄雾。遍寻街上药店，好不容易找到一支没过期的眼药水，严遵说明，每四小时滴一次。眼里血丝不见少，我只好一直戴墨镜遮丑。

眼睛的事毕竟不妨碍行动，所以我们依计划去游览。

嘟嘟车司机是客栈推荐的大叔，耐心，英语好，收费合理。他巧妙避开旅行社线路。我们先乘热气球再进吴哥窟。

坐热气球俯瞰全世界最大的寺庙吴哥窟，让人好生兴奋。可热气球用一根巨绳与地面相连，不能平移，只能直上直下200米。票价是成人11美元，儿童半价，在空中停留15分钟。

从高空往下看，洞里萨湖一望无际，湖气鲜明，淡烟迷蒙。但冬天的柬埔寨好干燥，炎热的太阳，枯黄的草地，萧条的树木，土地裂开一条一条的缝隙，像刀刻的皱纹。借巧克力妹妹的笔再现我们当时的情景吧！

从空中四望，西面是枯黄的土地和甩着尾巴的白牛；向东看，则是吴哥窟在丛林中神圣而神秘的身影，它被浩瀚的洞里萨湖围绕，仿佛漂浮的宫殿，既浩渺又雄伟。我们沉浸在美丽的风景画卷中，只有雪儿妹妹惊恐万分，显然她有恐高症。她缩在热气球的一角，我们每走一步她都大叫大嚷，生怕我们的脚步震得热气球掉落下去。雪儿妹妹坚持要抱住某一个人的腿才安心，于是我们轮流变成她的支柱。结果是我们趴在热气球的栏杆上，饱览吴哥美景；雪儿妹妹蹲在地上，左看右看。从热气球上下来，嘟嘟车送我们去吴哥窟大门。宏伟的通道两边是清澈宽阔的护城河。河两边的栏杆是七头蛇纳伽。走进吴哥寺，我们从西北角开始，以逆时针方向，欣赏向我们倾诉久远故事的浅浮雕。有些地方，石墙倒塌，只剩断壁残垣站立于浅浅草坪上，周围甚至长出了椰树和棕榈树。接着，我们进入寺庙中心的石塔。五座石塔气魄雄伟，象征喜马拉雅雪山五座最高峰——传说中众神的居所。我对壁画里的神话故事很感兴趣，活灵活现，规模之大，举世无双。看得有些累了，妈妈找了古堡里一个幽暗窗台，呼呼睡去，真不知在这样的千年古庙中沉睡，会有怎样的梦？小姨带着我们两个小孩子画壁画上的士兵和仙女。尽管我们画得不好，却吸引了外国游客驻足观看。妈妈一觉醒来，我们继续出发。穿过阴森的走廊，来到吴哥窟中庭的五座高塔前。塔高高耸立，整体保存良好，看不出已傲立千年。好高好陡峭的天梯呀！上塔容易下塔难。最为不平的是，12岁以下的小孩不许入内。我们反抗无效，只得快快不快地在塔下画画，眼巴巴看大人们爬上天梯般的石阶。过了20分钟，大人们扶着扶手，小心翼翼地从石塔上下来。据说从上面往下看景色很壮观。我们有些疲倦，坐着嘟嘟车回暹粒，在冷气店里吃美味的夏威夷意面、披萨饼、BBQ鸡翅，喝冰凉的可乐，还有香蕉船冰淇淋，惬意极了。然后，我们去班迪克黛寺和皇家浴池。路面上铺满柔软的河沙。林荫大道左边，是嫩茸茸的草坪，生长着耸入云霄的古树；右边是柬埔寨艺术家的油画摊，把这个国家的美景通过画笔呈现给我们。班迪克黛寺尚未完工，这里僻静，游客甚少，透出吴哥古城的清幽神秘。此处的森林茂密，丛林中的寺庙成了点缀，零零星星。使班迪克黛寺闻名的是皇家浴池。尽管庙小，浴池却大，长800米，宽400米。因为多年未使用修缮，池底长满幽绿的水草，水面漂浮着碧绿的荷叶和淡雅的莲花。昔日皇家的浴池变成荷塘。真是"旧时王谢堂前燕，飞入寻常百姓家。"夕阳渐渐染红天边，然后就消失了；皎洁的月亮穿过云层，在星星的陪伴下，出来统治夜空。我们穿过林荫大道，慢慢往外走，一路上还在沙地里收集奇异的贝壳。这里仿佛不是千年前强盛无比的吴哥王朝，而是大自然为小孩创造的秘密花园。晚上，回到城里，我陪小姨四处转悠，妈妈去享受泰式按摩。这可乐坏了妈妈，累坏了我。小姨是学服装设计的，要在异域吸收灵感。我讨厌逛街，走一会儿就发火了，宣布我想去找妈妈。在小姨的央求下，我陪着她选了最具吴哥特色的抹胸长裙。

进了吴哥王城，我们发出各种惊叹声。吴哥王城真平坦真宽阔呀！尽管它隐藏在高大乔木中，但中间的开阔地上，巨大的城堡寺庙此起彼伏，像北斗七星，像蒙古草原上的大散包。

司机指着一座碎石山说，那就是赫赫大名的巴戎寺——高棉的微笑。

远看是碎石山，花了好长时间走近，定睛一看是巨大寺庙的遗址。三层的寺庙，面朝东方初升的太阳。沿着蜿蜒的走廊，登上陡峭的台阶，49座哥特式青黑宝塔赫然映入眼帘，在温暖的阳光下，每座宝塔的四面是一张安祥的巨大佛脸，人称四面佛，神秘地俯视芸芸众生，微笑千年，暗示君主阇耶跋摩七世的绝对权力和恩威并重。

我们被王的微笑震住了，在第三层一待就是好几个小时。琪琪和孩子们画画，我照惯例找石板睡觉。巧克力妹妹在日记里写下了她当时的感受。

中南半岛正午阳光灿烂，几缕光束洒在一尊双目半闭的四面佛上，斑驳青苔反射着点点金光，那半合的目光显得格外慈悲和神秘。佛面微微上翘的嘴角，在微风中似乎在对我喃喃细语，越过千年的时光，告诉我当年吴哥王朝的鼎盛，战火的绵延，遗失的文明，未来的复兴……我拿着速写本和铅笔，企图画下佛那神秘莫测的笑脸，可我左改右改，总觉得少了什么。是呀，千年流传的文化，跌宕起伏的历史，柬埔寨灿烂的明天，怎能轻易描画？请允许我在高棉的四面佛前，双手合十，献上我最真诚的祝福：战火终于平息，愿中南半岛和平之花盛开，孩子们的脸上微笑绽放……

我想，这也是宗教的核心价值所在吧——仁慈，博爱，宽恕，和平。在战乱不断的柬埔寨，信仰太重要了。

离开巴戎寺，我们一行静默地在古城墙上慢行。赤足踩在菩提树落叶上，心情十分宁静。

在城墙上我们遇到一大群孤儿院的孩子，他们的父母在战争中遇难，或受到地雷贻害。温柔的女老师指导孩子们写生。他们的小小画笔准确捕捉吴哥寺庙的精髓，传神表达了光影变化和层次起伏。巧克力妹妹说："在他们的画中，我能感觉到柬埔寨的神秘和神圣。他们一定常来，对这里了若指掌，可见他们多么热爱自己的家乡。"琪琪说："爱可以让画面和照片更美。这群孩子心中有爱，画面才会如此美。"我们把这次带来的文具和书全部送给了这些可爱的孩子。

席地躺下午睡后，我们恢复了体力，去探索下一个目的地——塔布茏寺。电影《花样年华》里梁朝伟倾诉秘密的树洞，就在塔布茏寺。

在塔布茏寺，我们见证了自然的力量。曾经，人类砍伐森林，在此修建壮观庙宇。现在，自然逆袭，抢回属于自己的领地。庞大的根系穿透人工建筑的巨石，以排山倒海的力量掀翻墙壁。与其说房屋建在丛林中，不如说是巨树缠绕渺小的人类产物。

我们每个人到自己最敬畏的大树跟前，向它说出藏在心底的秘密，播下自己的愿望。雪儿妹妹太可爱了，我们都听到了她滔滔不绝的心愿："希望爸爸为我买玩具，希望小姨的公仔可以送给我，希望巧克力姐姐耐心陪我玩，希望回家时妈妈带着小熊到机场接我……"

今天的两座庙，是吴哥建筑精华中的精华，不能错过，值得仰头尊敬地欣赏，低头细细地品味。但柬埔寨的眼药是毒水，我的眼球现在通体血红，真担心半夜我会变成狼人。明早再恶化，我就不得不惊动保险公司的小飞机，飞到泰国的大医院去救治。

▮ 徒步蝴蝶纷飞的高布斯滨

晨起，眼中血丝神奇地退了大半。

我们要去吴哥王城的边缘之地——高布斯滨，来一次丛林冒险。

高布斯滨深陷吴哥东北丛林，离暹粒50公里，嘟嘟车跑了一个多小时。一路热风撩面拂颈，阳光明艳——村民沿树梯爬到树顶采椰果，水牛在稻田里耕地，蓝莲花漂浮在星星点点的湖泊上，竹楼和蕉林相互掩映。

沿着奇石山路，我们往上攀登。遇到下山的欧洲徒步者，开玩笑说上不去。我们不信，继续在巨大的藤蔓中穿行。这条蜿蜒曲折的路通往神奇的河床雕刻——千林伽河。遍布河床底部的千万林伽和巨大的尤尼，任河水冲刷，历历可见。现在是二月，旱季枯水期，优点是河底雕刻分外清晰；缺点是河水接近枯涸，少了流淌的灵动之美。

后来，琪琪的朋友得知我们去高布斯滨很惊讶，那里排雷情况不好，不时有人在密林中被地雷炸伤炸死。我们傻人有傻福，居然囫囵去囫囵回。

林伽河源，两个和善的护林员姑娘热情地指引我们去看瀑布。沿着密林深处弯曲隐蔽的小路，我们来到瀑布边——啊！好瘦小的瀑布！我们很失望。

很快我就发现我错了，有些东西看上去很美，不过是皮相；有的东西看上去平淡，当浮躁的心定下来，才品得出真味。

接下来的三个小时，我们体会到"绝色之美"。

静止下来，空气中发生了变化。彩色的蝴蝶翩翩聚拢，在一个树洞前纷飞起舞。正午阳光下，尽管瀑布细小，彩虹依然挂在水汽氤氲中。透过树枝和生机勃勃的树叶，灵动的光影在我们身上跳舞，仿佛丛林精灵即将出现。

我躺在吊床里，十分着迷地看着这一切。几个当地孩子来了，他们在瀑布下戏水，巧克力妹妹和雪儿也加入。两个老僧缓步走来，脱去长长的僧袍放在草地上，仅余贴身橙色短衣裤，在瀑布下洗浴。琪琪画了一会儿画，起身和老僧交谈。几位马来西亚的摄影师来了，架起相机捕捉光线和蝴蝶的身影。

离开丛林，已是下午四点左右。在高布斯滨，我们节奏愈发缓慢，吴哥之美的感受却比前三日来得更强烈。

爬进丛林帝国崩密列

朋友叫我"奥特巫曼"（out woman），说我比时代慢了半拍。虽说"科技让生活更美好"，我还是喜欢纸质书，喜欢面对面说话，喜欢亲眼看见亲手摸到的感觉……朋友约我带孩子去上海世博会，我婉言拒绝："不，我想带她看真正的世界，不仅看模型！"

柬埔寨第六天，我想去另一个边缘之地崩密列，薛二哥摇头："太远了，我和雪儿休息一天！"琪琪也犹豫了，她有点累。我应该坚持自己的想法，还是迎合同伴？正犹豫时，琪琪从床上爬起来，"姐，我还是和你们一起去吧！"我们抱歉地离开了薛二哥父女。

崩密列是吴哥王城的最后一站，距暹粒80公里，柏油路面状况良好，嘟嘟车行驶两小时。一路风景如画，不时看见蓝莲花。沐浴在和暖的阳光中，我们希望这条路没有尽头。

崩密列是吴哥窟的缩小版，巨龙般的护城河已干涸，正城门轰然倒塌，庞大的方条石如巨石阵般堵住入口，入寺庙须绕行。我们看见褐色皮肤的孩子们在巨石中爬行，心血来潮，决定爬进崩密列。看过电影《虎兄虎弟》的人一定记得那个神秘的庙宇，阴影中的佛像，橘色的阳光和茂密的森林——那就是掩藏在丛林中的崩密列。

爬进崩密列，我们有些累了。琪琪在长条石上睡觉，我挂吊床睡，精力旺盛的巧克力妹妹画速写。背景恍惚是万籁寂静，其实不是，有风拂过枝头的声音，有枯脆的树叶触摸地面的声音，有远处缥缈的梵歌声，偶尔的钟声……中途来了一群喧嚣的游客，他们离开后，动人的寂静显得更珍贵……

在崩密列，我整整睡了三个小时。在吴哥王城里，每天都能找到惬意的地方睡觉。

别人评价吴哥的伟大之处，我都赞同；但我爱吴哥还有一个原因，它的安静和温暖，能够带给我母腹中的安全和祥和。

回暹粒的路上，我们去看圣剑寺。寺院关闭了，我们只能在它恢宏的大门前驻足。一对父子慢慢从里面走出来：英俊的父亲戴着墨镜，失去了一条胳膊和腿，他背着乐器，脸上是幸福平静的表情；孱弱的儿子肩上挎着重重的包，关切地扶着父亲，引领他往家的方向走去。在柬埔寨，这是很典型的一幕，地雷受害者和他们家人，自食其力，靠卖艺为生。

人生的路很长，既然活着，就得坚强。

第三只眼

我们的两只眼，用来看物质世界。第三只眼，审视物质世界以外的东西。

暹粒是一个迷人的城市。既古老又时尚，既端庄又多情，既虔诚又多元。我喜欢走在暹粒河边的林荫道上，享受鸡蛋花瓣在头顶飘落的禅意。

路过邮局，巧克力妹妹买了精美的明信片寄给爸爸和老师。

路过高雅的画廊，欣赏大师们的摄影作品。我画20美元买了一幅黑白印刷品——《高棉的微笑》。每去一个国家，我会收集一幅画，挂在墙上，供年老时回忆。

最后来到目的地——吴哥国家博物馆。在这里，我们睁开"第三只眼"。柬埔寨的历史，吴哥的兴衰，印度教的主神及其传说，吴哥古城里的雕塑精品，阿布莎拉仙女……如果时间可以回转，吴哥国家博物馆会被我安排在暹粒第一日。它虽没法让逗留时间延长，却可让我们的"吴哥五日"厚度加深。

傍晚，洗漱得干干净净，换上柔软舒适的衣裤，我们在客栈大厅等候夜间巴士。今晚我们要去南部海滨城市西哈努克市。临走前，我对这几天热情照料我们的服务员说："谢谢你，希望有机会再见！"他微笑："我的女士，来生见！"我愣了半晌。他是诚实的。暹粒，也许真要来生见！生命太短，只够把世界匆匆走遍。

躺在黑黢黢的车上，没有方向感，我睁大眼睛，看满车月光漫天繁星。空气的温度和湿度在改变。我们正往世界上最深的海驶去。

悬崖边的贵族——美丽海滨城市背后的传奇

蒋介石的孙子蒋友柏曾说自己是"悬崖边的贵族"。这个称谓用在西哈努克亲王身上再贴切不过。

90岁的西哈努克亲王在北京辞世。在一代中国人的眼里，他是国际友人的象征。在中国相对孤立的年代，西哈努克的微笑代表国际社会对中国的友善，让被封锁的中国人在孤独中感到一丝温暖。

在治理国家时，他坚持"经济不独立，外国一旦断绝援助，而我们又不能自力更生时，我们的政治独立就会失掉。经济是政治独立和国家生存的基础，是民族尊严和自由的基础"。饱受坎坷却保持浪漫，亲王喜欢美女，热爱电影，早在多年前，就敢对强大的美国说"不"，他赋予柬埔寨国民自尊自立的精神气质。亲王深受爱戴，无论是五星酒店，还是平凡人家，厅堂定会悬挂西哈努克太上皇和莫尼列太后的肖像。

这天凌晨五点，我们到了以亲王命名的海滨小城西哈努克。巧克力妹妹被吵醒脾气很大，下车靠着大包继续睡。我批评了她，让她自己背行李。这孩子学习好生活能力差。我也累，可到站就得下车，行李总得有人搬，小孩子也得出力。

花两美元搭嘟嘟车，我们找到一家看上去还顺眼的海滨小木屋，空调热水都有。宽敞的庭院里热带植物疯长，小木屋像蒙古包一样分布在打理得干干净净的草地上。过马路就是海，海滩不是很干净，细白的沙滩上有扎脚的石砾，有些地方还有碎玻璃，这片沙滩不吸引我。

吃了汤面才早上八点，薛二哥和雪儿去海滩上捡贝壳。琪琪有点激动，她不想睡觉，一个人出去玩。我劝巧克力妹妹洗澡睡觉。果然，小姑娘头一挨枕头立刻小呼噜响起，我也困得不行，倒头就睡。醒来神清气爽，已是正午。带着孩子去旅行，休息是很重要的。小孩子到了新环境兴奋很正常，父母要控制和引导。休息不好，身体抵抗力会下降，在陌生国度，本来就水土不服，如果自身免疫力不好的话，生病的概率就会增加。所以，到了目的地，不用急着玩，时间有的是，身体健康第一。

据说西哈努克市最好的沙滩被唯一的五星酒店私有化了，我们是无法享受特权的老百姓，但想碰碰运气，于是来到优雅高贵的五星酒店索卡。我们大大咧咧地走进大厅。我去问了一下房价，一晚一千多块钱，和国内的海滨酒店比不算贵，但我们负担不起。我们决定在这里吃顿大餐。迎着阳光，面朝大海，享受良辰美景惬意天！

餐后，去洗浴间换好泳衣，我们漫步在安静而暴晒的沙滩上。印度洋吹来炎热的海风，热带的太阳让水温十分适合游泳。偌大的沙滩上，一个法国帅哥，手持一根高尔夫球杆大小的棍子，在沙滩上搜寻什么。我实在好奇，跑去打探究竟，他说他在清洁海滩，用磁铁吸易拉罐的铁扣。我恍然大悟："你是这里的员工呀！"帅哥露出迷人的微笑，说他是游客。这位大侠周游世界时背着"捉妖棒"，他是海滩的守望者。我对他肃然起敬，竖大拇指鼓励他继续"保护海滩环境"的行为。

下午，我躺在躺椅上睡觉，琪琪在海滩上画画，小女孩们捡贝壳冲浪，这片海滩如此安静祥和。

我很喜欢西哈努克市，这里的海滩优美而私密，人少且安静，食物新鲜美味价格不贵，服务特别好。

琪琪问："姐姐，我一个人都不敢进高档酒店，为什么和你在一起会这么从容？"

我和琪琪分享自己的想法。我尊重富人创造的财富，且认为他们理应享受。我勤奋地工作，劳动所得的收入任我支配。这片美丽的海滩，是他们的土地，也是我们的土地。我就要衣衫褴褛器宇轩昂，心安理得地和富人们躺在同一片天空下。琪琪认同我的看法，哈哈大笑，行走奢华酒店，再不拘谨。

金边——只有坚持才能成为不凡

寒假即将结束。我们坐大巴车去金边。

贪恋西哈努克的海滩，我们仨错过了车子。薛二哥托客栈的老板转告，他帮我们把行李搬上车了，让我们赶快坐下一班车去金边和他们会合。

我们惊慌失措。老板说有一个办法——车子可能还在别的客栈接客人，我们可以租一辆嘟嘟车去追。

我们雇了嘟嘟车奋力追赶，只用了两分钟就追上了。

我们的位置还留着，两个连在一起，另一个在一位欧洲帅哥旁边。我和琪琪相互谦让，因为我们都觉得挨着帅哥坐是好机会。我们划拳，赢了的挨着帅哥坐。琪琪赢了，她晒成古铜色的皮肤和帅哥的苍白肤色相得益彰。可这不争气的小丫头一会儿就睡着了。快到金边时，帅哥翘起兰花指，脆生生地用中文说："你们到金边吗？下车了！"我们吓得花容失色，原来小帅哥来自法国，在中国念大学，说得一口好中文。那么，我和琪琪划拳定谁和他坐的事，他全听得懂呀？！

不会说英语的薛二哥自有他的途径。在暹粒时，他成功地和一个很有几分姿色的阿姨搭上了话。阿姨留了名片给他，介绍了金边华人经营的家庭旅社，性价比很高。

在金边逗留的时间太短，没有很深的印象。城市有点脏。我们穷极无聊，想去看电影。突然想起一个问题："电影是柬埔寨语怎么办？"这才作罢。回来后翻看照片，我惊讶地发现，大半年后，金边电影院上映的《人狼大战》才在中国上映。西哈努克亲王爱好电影，他在柬埔寨最贫穷的时候坚持发展文化，亲自拍电影，带动了整个电影业的发展！这算不算一种贵族气质呢？

在旅途中永远年轻

飞机在广州白云机场停靠，巨大的喧嚣扑面而来。机场拥挤不堪，声浪此起彼伏。好熟悉的气息呀！

顺利回到重庆。先吃顿火锅，再吃碗小面，心中快乐满足。纵然岁月流逝，青春不再，只要梦想在，人就不会老去。此时，我想起了鲍勃·迪伦的一首诗《永远年轻》。

......

May you always do for others

And let others do for you

May you grow up to be righteous

May you grow up to be true

......

May you always be courageous

Stand upright and be strong

May your hands always be busy

May your feet always be swift

......

May your heart always be joyful

May you forever young

......

愿你总是乐于助人，

愿他人总是乐于助你。

愿你长大后做个正直的人，

愿你长大后做个真实的人，

......

愿你始终勇往直前，

挺直你壮实的脊背。

愿你的生活忙碌而充实，

人生的路上大步向前。

......

愿你永远快活，

愿你永远年轻！

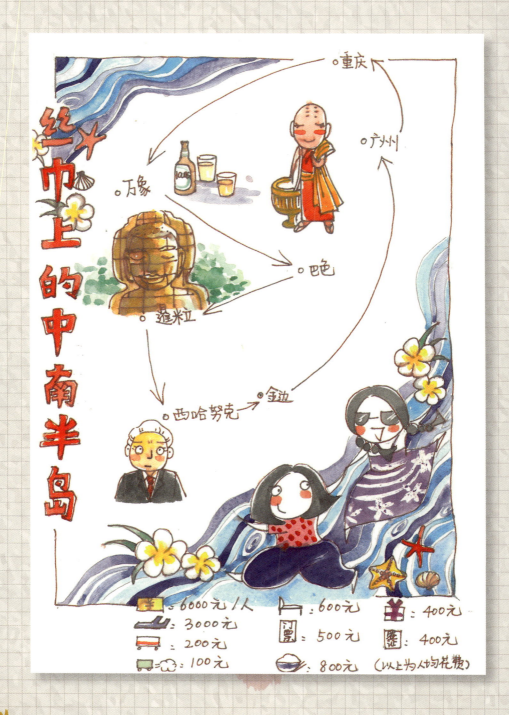

丝巾上的中南半岛

重庆

广州

万象

巴

遊米工

西哈努克 → 金边

🎒 = 6000元/人
✈ = 3000元
🚃 = 200元
🚌☁ = 100元

🛏 = 600元
🎫 = 500元

🎁 = 400元
🎡 = 400元

🍚 = 800元 （以上为人均花费）

Chapter

4

蒙古

——世界最大的那一片草原

（2012年暑假）

坐世界上最长的那列火车，去世界上最大的那片草原，是有梦的色彩的一次远行。重庆—北京—二连浩特—乌兰巴托—当地旅行社私人定制草原骑马9日游（戈壁，沙漠，草原，火山，高寒湖泊，寻找野马）—乌兰巴托—北京—沈阳—长春—哈尔滨—漠河北极村—长春—长白山—北京—重庆，共32天，人均消费15000元。蒙古签证比较贵，蒙古人对中国人不是很友好。不过，我们荣幸地住进很负责任且慷慨大方的客栈，客栈为客人组织价廉物美的草原游，只收我们20美元，坚持不要我们提前付费，垫付全程费用，老板说："要好好款待客人，等客人满意后再付费。"草原生活极其简单，没有水，没有电，没有网络，没有手机信号。生活归零后，我们反而获得更本真的东西——对自然的敬畏，在艰苦的环境里乐观浪漫的情怀。推荐患有城市优越生活症的人群前往，寻找简单中的快乐。

旅途阅读书目：《狼图腾》《射雕英雄传》《天龙八部》《迟到的间隔年》《草原帝国》《LP蒙古-孤独星球Lonely Planet旅行指南系列：蒙古》

属于自己的间隔年

妹妹琪琪推荐给我一本书，叫《迟到的间隔年》。书中26岁的青年阿东，耗时13个月，用仅有的两万多块钱积蓄行走六个国家，在路上落魄得形容枯槁，可心灵却渐渐丰盈，收获了信仰和志同道合的爱情。

阿东书中的一段经历特别打动我，他穿越印度北部的沙漠，进入巴基斯坦，在喜马拉雅山下的简朴客栈中，他感受到宫崎骏先生穿越千年的渴望——风之谷的勇敢少女，在科技失去力量的时刻，用"心"的力量，面对残酷的进化，为了地球脆弱的生命而战。我的心弦被拨动了。

包里没有什么钱，但我有好奇的心和眼睛。养家糊口的责任使得我无法洒脱地来一次间隔年之旅，但把假期拼接起来，又何尝不是我和孩子独特的间隔年呢？自从和我一起经历尼泊尔之行后，阿捷和小玲也迷上了这样的旅行方式——带着孩子，以独立旅行者的身份探索世界。她们问："今年去哪里？"

拨弄地球仪，我的目光停留在位于中俄之间那一片广袤的土地——蒙古。粗犷的名字，强悍的民族，世界上人口密度最小的国家，自然资源未被人类毁坏的最后方舟。这片古老的土地上有年轻的人们，豪迈野性又彬彬有礼，一些人保持一骑一鹰的狩猎传统，一些人开着悍马手持iPhone说着草原风味的英语。巧克力妹妹不知在哪里读到"蒙古的鳟鱼傻傻的，不用饵都钓得到"。她向往着骑着马天天在草原上疯跑，饿了就捉笨笨的鳟鱼吃。想到这里，一列火车突然驶进我的大脑——从北京开往乌兰巴托的国际列车。缓慢，陈旧，在国境线要被大吊车抓起来，换铁轨……30个小时的行程，刺激着我神经中的某处兴奋点。

阿捷说咱们这次的旅行主题叫"坐着火车看世界"吧！现在的孩子快餐吃得太多，正在失去耐性，不求过程，直接要结果。应该给她们一个机会去感受过程！说得好！何况，坐火车还可以节约两千多块钱呢！

这次旅程，阿捷居功至伟：找邀请函，办签证，买机票，订火车票……小玲一年仅有10天年假，舍不得花近一半时间在路上，他们一家选择坐飞机。

阿捷的先生是渊博的学者，他从书柜里取出两本书，推荐我们出发前好好研究一下——法国历史学家勒内·格鲁塞的《成吉思汗》和《草原帝国》。

就这样，一群拖儿带女的妇孺，背着现实的行囊，带着不切实际的浪漫想象，再次上路，向北向北再向北，在未知的广袤里，和历史的光荣与自然的壮观，来一次惊喜邂逅！

阵亡在自家边防？

有知心的朋友，喜欢的书相伴，工作带来的压力渐渐消退，内心沉睡的小王子揉揉眼睛苏醒过来。

凌晨五点半，北京下着大雨。我们拖着拉杆箱，背着大包小包，窘迫地往车站跑。狼狈万分地进入候车厅，抬头一看，列车出发时间是八点五分。我们四个马大哈，没有仔细看车票，凭头脑中的一点模糊记忆，摸黑起早，一路狂奔，结果早到两个多小时。

二楼，前往乌兰巴托的候车厅，陈旧安静的气息扑面而来——暗红色的椅子，高阔的空间，稀少的游客，壮硕的西方人，带明显草原味的亚洲人。因为兴奋，我手臂上鸡皮疙瘩暴起。

离开前，阿捷的老公有点担心，认为蒙古有些乱，但我们没在意，因为旅行手册说"在蒙古旅行非常安全"。

我是上完课后，回家收拾了几件衣服，抬腿就走的。上了火车，我们才意识到准备得多么不充分。

国际列车上的乘务员是位健谈的大哥，他说乌兰巴托局势不稳，前段时间国家大选，闹事的人很多。在乌兰巴托，晚上没有四个人以上最好不要出门，小偷拿别人东西像拿自个儿东西一样随意。

大哥又说中蒙关系可不友好，他看了我们的护照，问："你们咋是商务签呢？"商务签意味着我们得出示健康证和商务邀请函，我们没有。大哥说："碰碰运气吧。"

最悲惨的是，阿捷在护照后页写了联系电话和家庭住址，被二连浩特的边防视为无效证件，不许出境。阿捷六神无主，全身冰凉。我们花了好多钱好多时间托了好多人才走到这里，谁知国门未出，就要被退回去！

我催促阿捷先把行李整理好，以防万一。目前我们停在二连浩特的边防站，因为中蒙铁轨宽度不一样，在此换铁轨，同时边防检查护照，海关报关，检验检疫，大约需要四个小时。乘客可以留在车上，也可以下车去候车厅等候。当时我们留在车上，感受火车被吊起来换铁轨的过程。阿捷护照出问题后，我在车上守着孩子们，阿捷一个人下去和边防斡旋，无果而返，沮丧地说："负责人是个女的，态度很强硬，不让我出国境，让我回来收拾东西下车。"我不愿就此放弃，想再去说服边防人员。可此时，火车开动了，进入换铁轨的密封区，我们下不去了。

在我们的哀求下，列车员大哥动了恻隐之心，帮我们安顿好孩子们后，违规打开车门，用铁棍敲开车门处地板的暗门，露出离地面一米多高的铁楼梯，此时几个巨大的千斤顶正托着整列火车换轨。我跳下去，再扶着阿捷跳下来，百忙中给她和换轨的火车合了一张影。万一她必须走，起码有了来过中蒙边界的证据。

天使大哥在前面领路，带我们走出换轨工作区。今天重庆35℃，但是二连浩特现在不到20℃，我一直哆嗦。我们一行人无言穿行在黑暗中。

看到明亮气派的国际候车厅，大哥说："旁边是铁路招待所！"我告诉阿捷："万一咱交涉失败了，你就出来住铁路招待所，国营的，安全又不贵。明天坐火车去呼和浩特，再往北，去满洲里海拉尔呼伦贝尔玩，最后从齐齐哈尔回东北，再回北京，这样也算穿行了内蒙古！"

阿捷皱着眉头："我从没带孩子单独旅行过，没有信心呢！"

我鼓励她："万事都有第一次，我和巧克力妹妹不是也要去两眼一抹黑的乌兰巴托吗？不怕，在咱自己的国家，起码语言是通的呀！"

大哥说："对，这停着的火车就是明天一早六点去呼和浩特的，你们就坐它！"说话间，脚步不停。大哥说边防处有两个处长，男的好说话，今天休息；女的严格，可能先前阿捷见到的就是她。我叹了口气，双手合十，平时多有行善，希望今天好报。

女处长三十多岁，五官端庄秀美，化淡妆着警服，手上持一本护照，面上略带笑容，眼神比较和善。我满脸讨好："姐姐，您好！"她打断我："你们怎么下来的？怎么找到的路？你们的小孩呢？"我们笑容谄媚，一一作答。她有些惊讶："怎么，你们把小孩丢车上啦？"

我们卖萌："是呀，孩子们正在床上求太上老君观音菩萨保佑阿姨您放她们出境呢！姐姐，要是咱们在这儿给退回去了，那真太冤了。每人1200元的签证费，1400元的火车票，还有我们万水千山从重庆过来，半夜三更先阵亡在自家边防！姐姐给想想办法！"

处长同情地说："我看了你们的证件，看你们是女同志，又带着孩子，从那么远的地方来，也在帮你们想办法。刚刚请示了领导，正等答复！"我们热泪盈眶喜出望外。

话音未落，电话来了，处长示意我们出去回避。我和阿捷轻手轻脚把门带上，不约而同一蹦三尺高，不断祈祷。周围的老外看得莫名其妙。

结果呢？傻人有傻福，我们被破例放行。但我们必须立下字据，如遭蒙古国遣返，责任自负。感激至极，我们去免税店买了一条香烟答谢。处长力拒："其实我挺佩服你们，就算交个朋友吧。"

走出办公室的那一瞬间，火车进站，时间不多不少，一切尽有天意。听说我们涉险过关，两个小女孩在闷热的车厢里欢呼雀跃。

晚安！二连浩特！

不觉到了扎门乌德。

列车员大哥敲开包厢，面授机宜："待会儿你们装睡。我说车上没有中国人。你们长得不像民工，又带小孩，他们未必看你们的健康证。你们一个裤兜里揣一百元钱。他们万一不肯通融，就先给一百块。如果还不成，再从另一个兜里掏出一百块钱吧！"闻言，我们忐忑不安地躺在床上。能否进入蒙古，全在这一关。

一个穿裙装制服的中年蒙古妇女过来，她面无表情，我也装出睡意昏沉。她说了句蒙语，我用英语嘟囔不懂。我们的列车员帮着她收入境单，加快检查进程。蒙古妇女收了我们的护照，开灯，对着护照照片验明熟睡的小孩。天使大哥离开前说："睡吧！成不成一会儿就知道了！有问题她会来找你们的！"

阿捷烦躁不安。我真困了，迷迷糊糊地打了个盹，突然被猛然开门的声音惊醒，原来一个蒙古男子又开门检查；过了五分钟，门又被拉开，一个穿制服的男子探头看一眼，猛地砸门离去。

那位威严的蒙古妇女终于回来了，她狐疑地看了我们两眼，返还护照！我眼睛迅速扫视，签证已盖边防章！万岁！顺利通关！阿捷激动地四下打电话报喜。我有些郁闷，光明正大地旅游，怎么搞得像偷渡走私？

不管怎样，今夜，我们总算睡在了广袤的蒙古草原上！

初见蒙古

乌兰巴托，一半是偏见，一半是友善

下午一点，火车经过处有了人烟。

天蓝得透彻，草绿得绚烂，五颜六色的小房子，仿佛蓝精灵的蘑菇。巧克力妹妹在日记里写道："蒙古的草原，满眼的绿色毫不泛滥，嫩绿翠绿新绿青绿墨绿亮绿交织在一起，草原上开着黄色和紫色的小花，忽而出现奔驰的小马，忽而出现几个白色的蒙古包，实在是美不胜收。"

书上说乌兰巴托相当于中国的小县城。可是书上错了，乌兰巴托是大城市。孩子们甚至发现："这里有游乐场，看！摩天轮，海盗船，还有过山车呢！我们要去玩游乐场！"

到站了，我们和天使大哥依依不舍地告别。他的火车还将穿越西伯利亚的童话森林，继续驶向莫斯科。

下了火车，我们驮着大包，茫然四顾。阳光灿烂，白云耀眼，蓝天之国名不虚传，难怪他们管最高的那栋楼叫"蓝色天空"。阿捷问我接下来该怎么办？我不知道。不知道该去哪里住也不知道该怎么去。

东张西望之际，突然看到一位蒙古汉子，手上拿着一张接站的牌子，上面写着"UB城市客栈"。我冲上前去问可不可以住他家客栈。他满面笑容地递上一张名片，指着六美元一个床位的多人间问可不可以。我们点头。他继续接人，新加坡客人没接到，接到来自澳大利亚的长头发嬉皮士，另加我们四个蓬头散发的女客，全部塞进汽车。

出发前，我在网上看到UB城市客栈，发邮件询问住宿和邀请函事宜。一个叫芭比的人回信说邀请函他们发不了，但是他们可以组织旅行和代订回程火车票。火车票很必要，两人300美元，比在中国买便宜。于是我写了邮件要求他们帮忙订票。

芭比回信说订票要交50美元定金。小玲说跨国转账最低手续费25美元。太不划算。结果订票的事也搁浅了。几天后收到芭比的回信，说50美元定金已收到，他们已出票，到了乌兰巴托后我们再付余款。稀里糊涂，我哪有付定金？可是我也懒得较真，心想去了乌兰巴托再说！

小玲一家飞到乌兰巴托与我们会合，UB城市客栈是我唯一知道的客栈，所以我们约好在那里见面。不管过程有怎样的不愉快和乌龙，但是我们算是和UB城市客栈有了交道。一下车看到他们的接站牌，真有他乡遇故知的感觉。

UB城市客栈是破旧的苏俄式楼房，房间狭窄局促。进去后，一个一米七五左右的中年亚洲女子用英语说："换鞋，进来！"简洁得很。客栈要换鞋，真是稀罕。我环顾小屋里挤满老外，有的换了拖鞋，有的赤足。入乡随俗吧。这个强势的中年女子就是芭比。她一边说话，一边强迫症发作般地收拾一切不够整洁的地方。

芭比真为我们订了火车票，虽然收费比票面略贵，但我们尚能接受。她问我们的旅行计划。我们告诉她想去俄罗斯和蒙古交界处的高山湖泊和西伯利亚的针叶林，看看戈壁，去大草原骑马钓鳟鱼。

芭比拿出一张旧地图，开始规划我们10天的行程。她不允许问问题，话语中透露出明显的偏见："这条路线很美但艰苦，你们亚洲人，比如中国人、日本人……和新加坡人一样很挑剔，相反欧洲人就很随意。请记住我们是游牧国家，这里只有自然，自然，还是自然。请不要向司机提问，什么时候到，下一个目的地是什么地方。这是对他们的侮辱。首先，他们知道自己的工作。其次，在广袤的草原，极端的天气，谁也不知道什么时候可以到达目的地。而且，不要对牧民提洗澡要求，也别提出住独立蒙古包的要求。来到草原，请务必忘记舒适的城市生活，忘掉购物忘掉电，这里只有最基本的东西。还有，我们的俄罗斯车，只有硬板凳，客人面对面坐，请不要抱怨。"她所说的，我很向往，但她透露出的偏见和敌意，是灿烂阳光中的一丝凉意。

UB城市客栈的房间其实不错，老式的两室一厅一厕带阳台。两室改为两个标间，客厅改为六人间，阴凉，干净，有冰箱，提供免费咖啡和立顿红茶。服务员不懂英语，有事就给女老板写字条。

街上换币处比比皆是，怀揣蒙古大钞，我们去芭比推荐的格兰维尔餐厅吃饭。牛排羊排味道不错，但没达到期待值。价钱不便宜，两个人三万多蒙图，人均七八十元人民币。我们看着收据上的巨大数字，有一掷千金的快感。

旅游手册说，比较受欢迎的客栈叫洪果客栈。我们一路询问，当地人茫然不知。想起在柬埔寨的经历，其实最熟悉餐厅和客栈的往往是外国游客。我抓住一个西班牙女孩，果然她准确地告知我们客栈就在前方100米绿色广告灯右边。

洪果客栈的老板叫索约洛，英语好，性格和善。他建议我们缩短路线，细细体验草原的苍茫自然。他安排一辆俄罗斯越野车，软座，带导游和经验丰富的司机。其中两天全天骑马，孩子们可以钓鱼。路上有一到两次洗澡的机会，在村庄吃饭时也许可以充电。和芭比强硬和歧视的态度对比起来，索约洛的耐心和热情让我们不胜感激。

在国立百货公司超市大购物，买了好多牛奶和新鲜的水果。谁说乌兰巴托缺水果呀？这里的进口水果比中国还便宜。

回到客栈，小玲一家三口如约而至。哈哈！飞过千山万水，我们又一次相逢在异国他乡的苍茫路上。这一次，精彩依旧吗？

➤ 小戈壁——一半是死亡，一半是生命

出乌兰巴托，翻过两三座小山头，城市的钢筋水泥被抛在身后。松散的沙地草木变成一望无际的草原，满眼是奔驰的骏马，推推攘攘的羊羔，成群结队的牦牛，歇坐在泥塘边，黑色鬃毛，雪白羊毛，棕色犄角，交织在一起，草原的风味随之扑面而来。劲风刮过，我们兴奋得透不过气。在这片150万平方公里的土地上，每平方公里只居住三个人，人居密度全世界最低。放眼望去，视野辽阔，心胸开阔。

去小戈壁的路上，导游娜玛问："你们每家有多少牛羊？"得知我们不养牛羊后，娜玛不解："不养牛羊……你们中国人吃人造肉吗？"娜玛自豪地说："蒙古人最爱自然，环境保护得好。"他们轮流圈起草地，让草地休养生息。在游牧民族的心中，草原是生命。

不过，我们没看到"天苍苍，野茫茫，风吹草低见牛羊"，而是"浅草才能没马蹄"。草毯夹杂许多野花，紫色、朱红色、黄色、白色，清新得很。仅紫花就有六七个品种——风铃花、绣球花、雏菊花、紫云英……好一派生机勃勃的景象。

车行两个多小时，在一家清净无比的路边餐厅吃午饭。我们几个食客坐在露天木椅上，面朝草原。就餐环境简朴自然，食物美味可口。蒙古草原第一顿午餐，实在比想象好太多。本以为顿顿咽冷肉干酪，谁知第一餐如此温润！

进入前杭爱省，草原开始沙化，生机衰减，死亡气息渐长——沙漠看上去很美，可越美的东西越致命——它正在以惊人的速度吞噬草原。今晚我们住蒙古沙丘，也叫小戈壁，处于草原和沙漠交界处。

　　下午四点，我们来到牧民家，住传统的蒙古包。用毡布围成的白色蒙古包直径约五米，三角形的顶，圆柱体的身，里面有七张简陋的床。包中有一个灶台，一盒火柴和一根蜡烛，供生火取暖。地上有毡毯，边缘是湿润草地，成千上万只小癞蛤蟆活泼地跳来跳去。

　　羊圈里，上百只羊被赶到一起，头对头用一根绳子捆成平行的两串，屁股朝外。正好奇间，牧民家女主人和女儿拎着小锡桶进入羊圈，原来羊被捆绑起来是为了方便挤奶！孩子们纷纷挽起袖子帮忙挤奶。看起来轻松做起来难，巧克力妹妹累得满头大汗，才勉强挤出几滴奶来。我自己玩心大发，追小羊羔子追累了，靠着小牛犊打个盹，然后去看牧民用小马驹诱骗母马给奶，再把小马牵开再挤奶，人类太狡猾！

　　晚上，草原上吹拂着夏夜的清风，深蓝的夜空中圆月如白玉盘，骏马在身边甩着尾巴。我们席地而坐，吃娜玛做的硬炒面。在蒙古，导游同时兼翻译和厨师，要为客人烹制一日三餐。从现在开始，我们进入游牧状态，男女混住蒙古包。包内，鼾声此起彼伏，火炉里木柴烧得噼啪作响，驱走蒙古高原深夜的凉寒。透过蒙古包的顶窗，月亮照耀着世界最大的草原。马儿在帐外打着响鼻儿，时而啃着青草，清晰的声响反而衬托出天地间无边的静寂。

▶ 走访哈拉和林的额尔德尼召寺

　　先借巧克力妹妹的日记和大家分享今日所见：

　　早上起床，骑着骆驼，我们开始新一天的旅程。

　　在哈拉和林，我们爬上一个长满柔软青草的小山包。娜玛领我们到一个玛尼堆前，说只有立下赫赫功勋的赛马才有资格死后将头骨留在这个玛尼堆前，

获得风的力量。前方是著名的龟石。相传蒙古从前的首都就在这附近，蒙古人民希望首都屹立不倒，特别选择寿命最长的龟作图腾。妈妈在一个蒙古哥哥那里买了五串用猫眼石刻成的蒙古字样的骆驼骨链子，以及一把鞘里装两柄短剑的匕首，她说等我长大后，可以把其中一把送给我喜欢的男孩。

午睡后，我们去额尔德尼召寺。

额尔德尼召寺是蒙古最大最古老的寺庙，有60多处殿堂。寺庙呈长方形，被108座守护塔包围。它建于1586年，1937年被斯大林摧毁，直到1965年重新开放。刚刚进入寺庙，我就发现尽管寺庙古老而残缺，但异常精致，仅剩的三座殿堂颜色非常鲜艳，连米粒大小的装饰物都刻得清清楚楚。这里的神和藏传佛教的神很相似。第一个殿里供过去佛、现在佛和未来佛。第二个殿里是莲花生大师，药神和天堂神及两个凶神恶煞的金刚守护神。第三个殿里是宗喀巴大师的塑像。人物都活灵活现，表情生动至极。殿里的墙上还悬挂了绘有神仙鬼怪的精美唐卡。

出寺后，我们发现三只老鹰被系在铁桩上，专和游人合影。我带上厚重的牛皮手套，让鹰站在上面，一抖手，鹰展开巨大的灰黑色翅膀，草原的豪迈之情扑面而来。

话说蒙古旧都哈拉和林源自成吉思汗一纸政令，于13世纪中期成为欧亚大陆交界处的重要经济枢纽，子承父业，他的儿子窝阔台在此建都，造就40年的繁荣盛世。

宗教是蒙古人民生活的精神核心。他们主要信奉藏传佛教和萨满教。萨满教在成吉思汗时期是主教，现已日渐衰落，但萨满教的歌舞面具因巫术色彩深受游客青睐。我喜欢萨满教的神秘色彩和本土性。在蒙古广袤的戈壁草原上，萨满教建立了人与自然和谐的美学——敬仰天，所以敖包和玛尼堆上均见蓝色哈达飘飘，美感十足；敬仰水，流动的河水和灿烂的银河，在蒙古人的心中同等尊贵，他们不会在河里清洗不干净的东西；敬仰土地，蒙古人禁止破坏土地，直到今天，牧民迁徙时，会把捆马柱留下的洞填满。

在哈拉和林走走看看，阳光灼热，紫外线灼烧皮肤，阴影下却清凉。我们住在一家家庭旅馆。

家庭旅馆的宽畅庭院中散落着北斗七星般的白色蒙古包，齐膝的野草散发出药香，风吹草低，别有一番风味。因在旧都附近，蒙古包里居然有一个充电插头。这是了不起的惊喜，我们本以为在草原上的九天都不能充电。最让人惊喜的事，是可以洗澡！老板开小卡车去城里用蓝色大塑料桶拉水回来，用电热水器烧热后，供客人洗澡。我们一声欢呼，奔向简朴的浴室！虽说有心理准备九天不洗澡，现在偶尔获得洗澡机会真是意外的惊喜！在小戈壁我们连洗脸的水都没有。

手机充好了电，洗完了澡，心中的幸福感汹涌澎湃。原来快乐是很简单的事，而过于舒适的城市生活也许正是扼杀幸福感的罪魁祸首之一。

我对蒙古这个国家的文化越来越感兴趣，它特殊的地理位置，它的历史，它的民族气质，它的宗教包容性和它的独立精神。

巧克力妹妹：白湖风光无限好

我们穿行在一望无际、渺无人烟的大草原时，意外发生了——车坏了。碰巧天上下起了雨，一辆孤独的车停在雨幕中，背后是茫茫原野，一股凄凉的美感涌入心田，经过三四十分钟后，车终于修好。渐渐碾上大包小坑的土路，颠簸得我们正头昏恶心时，眼前突然出现一个河流湍急的大峡谷。面前长满树木的科尔戈多山曾是一座喷发过无数次的火山。大地被震裂后形成眼前美丽壮观的楚鲁特峡谷。大自然的力量是无穷的！站在高高的断崖上，小小的我在大自然面前，渺小得简直可以忽略不计。

汽车继续行驶。大约八点钟，我们还不知目的地在哪里。一群又累又饿又晕车的人引吭放歌，从《天路》到《白狐》，从《怒放的生命》到《飞得更高》，想到什么唱什么。

天快黑时，我们眼前一亮——到达营地。营地是一大片绿草坡上的零星蒙古包，面朝风浪不兴的寂静白湖，背靠绿草铺就的山坡。

白湖的正名特尔欣查干湖，是火山爆发后形成的高原堰塞湖，湖底由火山岩冷却形成。湖水清凉，适合钓鱼和观鸟。共46条河流汇入白湖，只有一条流出，所以白湖为附近牧民提供取之不尽用之不竭的水源。

白湖风光秀丽，好似仙境。海鸥从清得透亮的湖面上掠过，鸳鸯在碧波中荡漾。远处的山连绵起伏，山峰隐藏在雾气氤氲中，雾随着微风翻滚，好似浪涛一般。

娜玛阿姨手脚利索地做好酸菜汤面，汤汁鲜美，蔬菜丰富，面条筋道。吃完饭已近11点，我们几个小孩迷迷糊糊地睡了。

希望明天的火山之旅一样美好！

巧克力妹妹：刘怒叔叔落马记

今天我们骑马前往科尔戈多火山。我们七个人，加上娜玛阿姨和两个牧民，每人骑一匹高头大马穿梭在草丛中，感觉好极了。马儿完全忽略背上的人，想吃草就吃草，想停就停。

几经颠簸，我们终于到达目的地——死火山口。爬上火山，地况马上就不一样了，成片的沙石混合着大小不一的有许多孔的火山石。植被变得稀少，到处可见碳化树。到达火山顶，一个约10层楼深的大坑映入眼帘，这就是火山口了。我们爬进火山口。火山底有许多玛尼堆，是当地人对神灵的供养。千辛万苦爬出火山，已是两点钟，我们开始返程。看着湖光山色，真是美妙的一天啊！

刘怒叔叔的背包里突然掉出一个雪碧瓶子，叔叔的马受了惊吓，开始狂奔。刘叔叔在马背上只坚持了一小会儿，在马急转弯时滚落马鞍，眼镜镜片掉落，镜框扎入肉中，在眼睛和太阳穴间扎出一条约三厘米的伤口，鲜血直流。刘叔叔被我们火速送回蒙古包，躺在床上疗伤，勇敢的小玲阿姨一边安慰我们，一边不断用餐巾纸吸伤口流出来的血水和黄水。大家都吓坏了，即便今晚的大餐是蒙古烤羊，也提不起兴致。

巧克力妹妹：骑马钓鱼一日"游"

白湖的最后一天。

上午我们骑上马，绕湖沿着与昨天相反的方向骑行。人更稀少，莽山镜湖，愈加美丽。我们准备下湖游泳，脚一沾水就发出一声惨叫，水冷得出奇，还不到10℃。看着当地孩子飞也似的奔入水中，大游特游，好生敬佩。终于，妈妈大叫一声："为国争光吧！中国小孩不能被蒙古小孩比下去！"她伸手把我和刘笑言推进刺骨的高原湖泊里。好冷呀！为抵抗牙关打战和全身的鸡皮疙瘩，我们疯狂游动。游了大约20分钟，浑身热量耗尽，冻得僵硬才爬上岸。娜玛也在湖边，无所顾忌地赤裸着身体洗头洗澡，她轻蔑地看着不敢下水的妈妈和小玲阿姨。我大吼一声助阵："中国女人不能被蒙古女人比下去呀！"只见妈妈和小玲阿姨对望一眼，她们也嗷嗷大叫着扑进水里。10分钟后，我们逃命似的狂奔回蒙古包，换上温暖的抓绒衣和冲锋衣。海拔2500米，水温10℃，游泳教练一定为我们骄傲吧！

我们不断要求钓"笨笨的鱼"，大人们没办法，只得跋涉两公里找到小商店买到工具。当我们坐上渔船，划到湖心时，才发现我们误解了船夫。原来在这里划船奇贵，10分钟要1万蒙图折合50元人民币。我们只得掉转船头，另寻钓鱼处——我们找到一个浅浅的只有20厘米的浅滩！姜太公钓鱼，愿者上钩。可惜我们不是姜太公，也没有笨笨的鱼愿意上钩。

晚上，吃完最后一顿美味的蒙古烤羊大餐——烤羊，居然是用一个直径50厘米的大脚盆盛的。大快朵颐后，我们的肚子撑得溜圆。由于明天早上8点钟需要起床，我们几个小孩10点钟钻进温暖的炕床，美美地进入了梦乡。

明天，我们将前往草原上的温泉小镇。蒙古的温泉是怎样的呢？

沉醉于那一片草原

在蒙古国遇到的三件趣事

路过小镇，娜玛去市集买菜，并等待客栈经理把余下行程需用的钱汇过来。这次的蒙古之行，有三件事给我留下很深的印象：

蒙古客栈可组织旅行，导游多是兼职。小玲的先生刘怒好奇，问娜玛蒙古最好的职业是什么，她回答："老师、翻译、厨师和建筑工人。"她的答案很新奇。后来才知原因——她是小学英语老师，假期兼导游和翻译，蒙古的导游要为客人做一日三餐算厨师，她男朋友是建筑工人——娜玛认为自己和爱人的职业是最好的。

在蒙古，导游要为游客做一日三餐。娜玛九天内烹饪的食物从未重样——意面、炒面、面汤、炒饭、土豆烧牛肉、红萝卜炖羊肉、蒙古传统烧烤羊肉、煎吐司、煎饼……爬火山那天，她准备的野餐是非常美味的鸡蛋煎饼和土豆黄瓜西红柿吞拿鱼吐司，沉甸甸的一大包。她不习惯负重爬山，刘怒就帮她背包。她有些感动，主动和我聊天。她问在我们国家，导游要不要为客人做饭。我说在我们国家，导游只会陪客人吃饭。她仿佛听到了不可思议的事。

蒙古的未消毒新鲜牛奶味道不同。在市集里转悠时，阿捷两眼放光，把我们拉到奶制品铺。几个蓝色塑料大桶分别盛满清澈的某种液体，浓浓的鲜奶，更浓的酸奶和浓得仿佛凝固的奶酪。阿捷想喝牛奶，不知哪桶是牛奶。问摊主，他皱巴巴的脸上满是憨厚的笑，显然不明就里。阿捷模仿牛的"哞哞"

叫，老人家继续笑。她抓起一块奶糖，戳糖纸上的牛。老人家恍然大悟，捡起地上的大可乐瓶，灌进满满一瓶奶，递到我们面前。阿捷伸手要接，他突然缩回，把瓶口凑到自己嘴巴，喝一口，"啧啧"赞美一声，再次递给我们。我们仨相顾愕然，实在缺乏勇气和他共饮没消毒的冷牛奶。老人看着我们，咧嘴大笑。我们囧囧摇头，转到另外一个奶铺。老婆婆用空碗舀半碗奶递给阿捷，阿捷居然真的要喝，奶到嘴边，才发现有几只苍蝇漂浮在上面。老婆婆把那半碗奶倒了，新盛半碗。阿捷爽快地喝了一口，但那口奶在她嘴里实在咽不下去。后来阿捷偷偷吐了，告诉我们那液体异常酸，非常黏，比老酸奶还酸很多。阿捷在草原上畅饮鲜奶的梦想碎了一地。

草原上的温泉营地

草原上原本没有路，自四驱车发明后，莽莽苍苍的草地上就有了浅浅的道路痕迹。我们的车在这样少有人走的路上缓慢行驶，时速不过10公里。一路上完全是原生态的森林和草甸，我们看到土拨鼠、松鼠、大雕、牧羊犬、牦牛、骏马……针叶林连绵，花海成片，各色花朵交织分外鲜艳。少有的原始景区，路是车轮轧出来的，草是自然丛生的，经过无数雨季形成的河流，笨重庞大的俄罗斯越野车化身为乌龟，艰难地在湿地草甸上跋涉。

终于，我们来到瑙云杭爱国家公园的温泉营地。蒙古包分为三排，最高一排是单人敖包；第二排和第三排是多人敖包。营地西面是西伯利亚针叶林，勾画出金辉西沉的天际线。最妙是森林边缘热气腾腾，温泉眼汩汩吐着温汤，估计温度70℃～80℃。主人用挖空的木头把温汤引入营地，供客人泡澡。

温泉区只有三个池子，客人也少，非常幽静。我们成人半躺在阴凉处；孩子们不知疲倦地嬉戏；几个欧洲人不断变换位置，追逐阳光，喝啤酒吃薯片，窃窃私语。

　　草原生活简陋，我天天穿着相同的衣服，头发几乎不梳，白天阳光晒到时出汗，晚上凉气把汗气收进身体，身体即使不洗依然清爽干净。每天迎着太阳起床，每晚随着日落入睡，脸上没有化妆，却渐渐出现健康的红晕。

　　条件好的地方，牧民用汽油发电，每晚提供几小时照明，但无法给电器充电。没有电，没有光污染，银河和星辰显得分外明亮，熠熠生辉的北斗七星明朗可识。

　　在温泉营地，老年西方游客较多。白首做伴，穿着肥硕的泳衣，裸露出松弛的皮肤，眼神平静如水，赤足蹒跚行走，让我心生羡慕。一直怕老，也许不该怕。人生到了一定阶段，至繁须归于至简。

　　草原生活的启示，当物质诉求减到最少时，反而是心灵最轻松干净时。

蒙古汉子的求爱方式

　　吃饭的工夫，称阿捷为"好姑娘"的陆地巡洋舰司机来了。他笑眯眯地握着酒瓶，凑到刘怒跟前。刘怒喝一点他的烈酒，他高兴地大笑，竖起拇指表扬刘怒是好朋友。他一边以酒会客，一边用眼神瞟阿捷。这蒙古汉子，好像对阿捷有意思。

　　饭后，天黑。司机再次过来。他和刘怒一人说蒙语，一人说汉语，手舞足蹈，比画半天，仿佛鸡同鸭讲。可刘怒懂了，司机是邀请他去打狼。我和小玲立刻欢呼雀跃起来。司机愕然打量我们两个瘦不拉叽的女人，不屑地摇头，嘴里嘟哝几句轻蔑的话。娜玛正巧来了，她解释："在蒙古，男人才打猎，女人留在家里做饭挤奶。"这样的解释合情合理，虽然遗憾，只能尊重当地传统。

　　可是，过一会儿司机又回来了，还带着娜玛。他盯着阿捷："如果你们不放心你们的朋友和我一起打猎，'好姑娘'可以一起去。"

结果呢，从未摸过枪的刘怒和受不住诱惑的阿捷，捎上小男子汉笑言，三个人跟着蒙古司机一起出去了。我和小玲、安妮和巧克力妹妹都闷闷不乐。我则照顾垂头丧气的女孩们睡下，承诺明年带她们去美国打枪，天天打！

忽然，娜玛掀帘进帐，神色慌张。她见我们的司机一个人在车上睡了，陌生的陆地巡洋舰司机把刘怒他们三个人带走了。娜玛眼泪快流出来了。我臆想症发作：司机用枪挟持刘怒和笑言，把他们绑在树上，陆地巡洋舰载了阿捷扬尘而去，阿捷满头乱发满脸泪水……我该如何面对阿捷家不怒自威的军人先生呢？

惊恐不安中，我睡意顿消，赶紧让娜玛再去打听情况。大约12点，娜玛回来了，原来她搞了一个大乌龙。她刚才看错了，车上只是睡袋，我们的司机也去打猎了……半夜，三个疲惫不堪的人终于回来了。我上下检查阿捷完好无缺，悬着的心终于落地，不怕她先生秋后算账了；帐外刘怒大着舌头说着重庆话，和蒙古朋友称兄道弟，显然酩酊大醉；笑言沮丧地说："只是摸了枪，什么都没有打到，唉。"

我回头一想，这么漆黑寂静的夜，开着明晃晃的车灯，轰轰隆隆地开车打猎，怎么可能打到猎物。这不是脚趾头都想得出来的玩笑吗？蒙古汉子其实蛮可爱，被爱情吸引，就会不顾一切地追求；我们这些城市人，太容易上当了。不过这段插曲，是我们草原生活中的美好花絮，每次想起，都会觉得好笑。

巧克力妹妹：跋山涉水看瀑布

离开温泉小镇，我们将去看蒙古最大最高的瀑布——乌兰楚特嘎兰瀑布。它是季节性瀑布，干涸十个月，七月下旬到八月是最佳观瀑季节，但雨季前往营地的路途可能会被河流拦阻。

在最大的一条河流中，一辆俄罗斯越野车冷不防陷入泥潭，火力顿失，一半车身浸在水里，慢慢下陷。于是令我永生难忘的一幕出现了——车上金发碧眼的男客全下来，挽起裤管，赤着胳膊，在齐大腿深的湍急河水中奋力推车；女人也不闲着，她们把巨大的包顶在头上，托过岸去。刘怒叔叔脱下外裤，穿着内裤，勇敢地蹚进水中，准备助一臂之力，妈妈也换上短裤，大步走进河流。齐心协力，越野车终于被推到对岸。岸上的人掌声雷动！

我们在对岸安营扎寨，开始露天野餐，吃韩国泡白菜味的方便面。我很讨厌吃方便面，无法下咽。妈妈怕我饿死，一路给我剥新鲜香软的松子吃。

结伴过河后，六辆相逢在营地的车分道扬镳。我体会到了路见不平拔刀相助的江湖味道！妈妈说，蒙古人很独立，群居只是生存需求。

跋山涉水，草行露宿，傍晚时分我们到达乌兰楚特嘎兰瀑布营地。号称"蒙古第一"的瀑布仅长22米，比起黄果树和庐山瀑布相差甚远，更比不上美洲的尼亚加拉大瀑布和非洲的维多利亚大瀑布。尽管如此，此瀑布深得蒙古人敬畏，在瀑布边洗衣洗碗的事绝不会发生。我们找了条曲曲折折的小路，下到瀑布积潭边。水边有用木头搭成的小堆，和玛尼堆相似，上面有蒙古最尊贵的蓝色丝带和人们供奉的蒙古币。瀑布的山谷松林茂密，有不少高达数十米的树木。也许因为当地人的尊敬，或是因为森林的静穆，瀑布和峡谷显得十分神秘。水雾弥漫，漫天烟雾中有晶莹的水珠在跳动，映着夕阳的余晖，仿若童话世界，异常美丽奇幻。

回到蒙古包后，吃的是炸薯条和蒙古的"蚂蚁上树"。这里的羊不怕人但"羊品"不好。一只棕黄色的怀着宝宝的山羊，大摇大摆地闯进蒙古包。它翻箱倒柜，在垃圾桶中觅食未果，被我们撵出帐外，又对我们碗里的食物垂涎三尺，土豆、粉丝、榨菜，甚至羊肉都来者不拒！

幸福是一种对比

在意想不到的地方，我找到幸福的感觉。

今天在一望无际的草原上穿行一天。晚上投宿时，接待家庭没有足够被褥供我们使用。在蒙古独立旅行，客人需自备睡袋，因为牧民只提供简单的蒙古包和木床。于是，草原上的最后一夜，我们辗转到村庄旁唯一的汽车旅馆。折腾了一天，特别累，我们不忍娜玛深夜劳累做饭，就请她和司机在餐厅吃。

为表感激，娜玛说村里有公共澡堂，她请我们洗澡。我们三个女人大声欢呼。好几天没洗澡了，头发腻得打结，散发出羊臊马粪味。在水源稀缺的蒙古高原，请洗澡是了不起的款待。

娜玛带我们走向一栋霓虹灯闪烁的童话般的尖顶房子，外观很漂亮，但是内设简陋得很。洗澡房在狭窄过道边的一道矮门内，一次只能洗一人。我推开门，澡堂大约一平方米。关门后发现没有门闩，只有一层塑料帘子，即使拉上依然没有一丝安全感。伴着门外小电泵的轰鸣声，十秒钟后，三根绣花针粗细的水从龙头里射出。我忍着寒冷，牙关一边打战，一边前后左右调节，在等待中过了五分钟，水终于从三根针变成五根针。高寒沙漠，滴水寸金。那就不要浪费了。我用五根针般的水流，勉强洗完了澡。

听了我的建议，小玲没抹洗发水和沐浴露，简单湿润了下皮肤，我们的洗澡仪式就完成了。

澡堂外有几个蓝色大塑料桶，里面装的水不干净，水面漂浮着几小块漂白的牛肉屑。我们的洗澡水被小电泵从这里抽出，经小电热水器加热。我们两人洗了半小时，水桶里的水退下不到两厘米，估计有两升水，相当于四瓶矿泉水。

　　幸福是一种对比。走出弥漫着马奶和羊粪味道的温暖餐厅，我深深地吸进一口寒冷清洁的空气，只用了那一点点水，却依旧换来了干净清爽的美好感觉。回国后，我有意识地洗澡会限定时间，会节约每一滴水。我把这段经历反复告诉学生，珍惜清洁的水资源，地球上有一些地方，水是无比金贵的。

巧克力妹妹：穿越时空遇到普式野马

　　在20世纪，普式野马濒临灭绝，全世界仅余12匹。普式野马和家马不同，它们是驯养马的祖先，已在这个星球上存在了几万年，是活化石。它们并不像在美国和澳大利亚发现的野马那样简简单单地未驯服或野生，而是拥有和家马截然不同的基因，是两种完全不同的物种。普式野马于1879年被发现，1881年正式被科学家认可并命名。

　　由于过度捕猎，野马数量急剧减少，几至灭绝。经过联合国教科文组织和民间科学家的大力保护，普式野马数量又增加到1500匹。

　　因为珍稀，因为原始，我们对传说中的野马向往之极。破天荒凌晨五点起床，驱车前往呼斯泰音国家公园。进入公园约20分钟，幸运地邂逅遥远山坡上的野马一家。妈妈欣喜若狂，拉着冻得发抖的我，穿过草甸，翻过两个山头，在高寒草原上潜行一千多米，悄无声息地靠近野马。

　　野马并不怕人，相距五米，我们安静友善地打量它们；野马也好奇地睁大芝麻大的小眼睛，端详着我和妈妈。普式野马长着齐颈的黑鬃毛，麦黄色的颈毛和浅黄色的身毛，与雪白的肚皮构成了极大的反差。野马的耳朵又尖又长，乌黑的尾巴也是又大又长，美丽健壮。

　　一场雨过后，八月的蒙古国立刻入秋，我们穿着冲锋衣也抵御不了严寒，只能一步一回头地回到温暖的汽车内。

回到乌兰巴托，妈妈厚起脸皮，在大街上拦截了一个美国叔叔，询问什么地方可以吃到非牛羊肉的食物。叔叔哈哈大笑，表示理解，热心地带我们去一家美式披萨店，终于吃到久违的猪肉鸡肉披萨。

终于要回归城市生活了！我突然好想家，好想念火锅香辣虾、泡椒凤爪、干煸黄鳝，好想碎碎念的爸爸和走路一颠一颠的外婆呀！

每一次放逐都是新的救赎

为什么放逐自己

满世界放逐自己，是一种探求，一种心境，一种生活态度，更是一种救赎。有人说我是自虐，而我对旅行的定位倾向于：首先，带女儿看世界，让她在更大的舞台上成长；其次，丰盈自己因单调而日益空虚的心灵。

我怀着对世界的好奇和对现实的倦意，踏上了喜马拉雅山壮丽之行。那一次放逐，我收获了心灵的自由和坚强的意志。我开始迷上这样的行走方式。自由的脚步一旦迈开，再停不下来。让我惊喜的是，每一次放逐，都是一次心灵的洗涤和救赎。我疲惫不堪地出发，宛如新生地回来。

这次的蒙古之旅，回到乌兰巴托也就是回到了终点。

在乌兰巴托的街头，逛逛手工艺商店。我和小玲发现了新大陆，蒙古最好的羊绒品牌店正淡季促销，八折出售高档羊绒制品。我俩大开杀戒，给家里人买了十几件羊绒衫和围巾。蒙古最好的羊绒品牌叫戈壁，厚实软糯，价格比鄂尔多斯便宜很多。我还买了一个美术学院的大学生画的草原生活水粉画，他画得慢，把对祖国的感情融了进去，我主动抬高价钱买下，鼓励刚刚起步的艺术家。

我们在客栈狭小拥挤的房间躺下，遗憾地长叹一口气。美妙的旅行为何总是结束得这么快呢！

不能生活在没有回忆的世界里

第二天清晨，我们和几个法国背包客挤进客栈的吉普双条车，阿捷母女和我们母女重返乌兰巴托火车站。小玲一家假期很短，他们必须乘飞机返回。

六点半的火车站挺热闹。火车从莫斯科来，车上有很多北欧和俄罗斯游客。小部分人在乌兰巴托下车，大多数继续前往中国北京。

我们找到自己的车厢，放下行李，站在窗边，看外面的人来人往。

一对瑞典情侣，骑着双人自行车环游世界。我认真学习他们把自行车从火车上取下的方式——只能从车窗出。乘车时，可额外付费把自行车放在餐车里。自行车很长，前后挂了四个沃德小包，那是他们的全部装备。

一个蒙古大家庭，哭着送孩子远行。妈妈用蒙语唱悲伤的歌，爸爸把马奶洒向长生天。我感动得不行，拍旁边的膀子："巧妹！快拍照！"感觉手感不对，怎么这么多毛？侧头一看，是一个身高接近两米的北欧大个子。

巧克力妹妹体力透支，上车后悄无声息地爬到上铺，把自己裹成一颗粽子，坠入无梦的深度睡眠，一睡就是10个小时。阿捷上车后很快消失，我去充电时发现她正和列车员聊天。我不喜欢说话，阿捷一路憋得难受，遇到说中国话的人，亲切得不得了，把憋了好些天的话一吐为快！

隔壁包厢的北欧大个子有一个朋友，也不爱说话。大个子憋得难受。他在我们包厢前晃悠不下20趟，北欧人比较害羞，他没有勇气主动开口，表情看起来有趣得很。傍晚，列车员扫地，大个子借避让的机会退让进我们的包厢。我示意他坐下，他乘机打开话匣子，大聊特聊，足足说了三四个小时，小姑娘们犯困，我把过够话瘾的大个子轰了出去。

我喜欢观察路上遇到的人。奇怪的是，从这个暑假起，我似乎患上了失语症，特怕吵闹，为了少说话，交新朋友也省了。不说话并不代表不关注。每一件事，我都在看在听，有选择性地遗忘和记忆。人不能生活在没有回忆的世界里，是记忆造就了现在的我们。

　　进入中国后，列车员送我们每人一张餐券，请吃拳头大的红烧狮子头套餐。味蕾被唤醒了，我们终于回到了祖国。

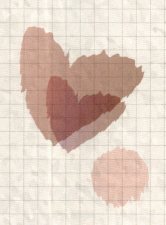

Chapter 5

泰国的冬天

——迷人的27℃

（2013年寒假）

为什么疲劳指数是两星呢？因为泰国除了阳光沙滩美食之外，还有全世界性价比最高的户外运动：浮潜、深潜、皮划艇、冲浪、徒步、骑自行车、丛林飞跃、皮筏漂流……泰国是孝敬父母全家总动员的绝佳目的地。如果提前预订，泰国国内的航班价格非常低廉，我们买的飞机票都在200元左右。不用担心泰国的政局，他们不针对游客。在泰国旅行，一定要悠闲要慢。建议以曼谷，清迈，普吉，甲米为大本营，请服务"很难被越越"的当地旅行社组织短途的旅行和活动，价格合理（比如出海一天，参加丰富的活动，人均300元左右，还包酒店接送和午餐冰饮）。除此之外，泰北的拜县和清菜，曼谷周边的大城，都是极其浪漫美妙的度假地。我们的行程：重庆—曼谷—普吉—甲米—兰塔—清迈—清菜—拜县—大城—曼谷—澳门—香港—深圳—广州—重庆，23天，人均消费8000元。

旅途阅读书目：《亲爱的安德烈》《孩子你慢慢来》《目送》《江城》《淘气包马小跳》《大明王朝的七张面孔》《不去会死》《LP泰国-孤独的星球Lonely Planet旅行指南系列：泰国岛屿与海滩》

泰国，我们来了

琪琪曾经问我，听说过"壮游"这个概念没有。

我摇头。

琪琪说："简单说，壮游是旅游的时间很长，目的不为个人享乐，也不仅为增长见闻，壮游得有一个明确的宏伟目标。"

我问："徐霞客那样的？马可·波罗那样的？切·格瓦拉那样的？"

琪琪答："老姐，你真聪明。但最典型的壮游创始人，是玄奘那样的。还有一个著名的壮游的人——司马迁，壮游归来，他写了《史记》。"

我热血澎湃。

琪琪继续鼓励我："老姐，干脆我们辞职去壮游。"

要是时间回流15年，没准我真说走就走。但人到中年，有太多责任，放不下，也不忍放下。

我给琪琪打电话说："其实我们也在壮游呀，只是分时段而已。十年二十年后，我们同样完成环球之旅。只是，目标是什么？"

我不知道巧克力妹妹的目标是什么，也许她太小，还没思考过这么严肃的话题。

工作太累，最近身体零件坏得太多，不想动脑筋计划，不想在艰苦的环境里为吃不饱肚子发愁。今年冬天，我想去一个享乐的地方，舒舒服服地睡觉，大快朵颐，饱餐数日，在适宜的温度下，呼吸着清新的空气，忘掉烦恼，在饱食终日中恢复严重受损的健康。

于是我想到了泰国。

亚航：重庆—曼谷，曼谷—清迈，清迈—曼谷，曼谷—甲米，甲米—曼谷，曼谷—重庆，六段航程，我和巧克力妹妹两个人一共花了6000多块钱。最好玩的是，甲米在哪里我不知道，它只是我搜索到的从曼谷出发最便宜的海岛。

大大咧咧的阿捷母女选择和我们同行。

至于小玲一家，假期时间不同的缘故，我们将在兰塔岛的某个地方相逢，在那个未知的海岛相聚三天，然后各奔东西。

这一次，去清雅旖旎的泰北——迷人的27℃，四季常青的稻田，玫瑰色的清晨黄昏，优美浓艳的兰纳文化，酸甜冰爽的美食，奢侈的六星酒店，简朴的山间精舍，"清迈"在我的心中，是个安全无挑战但美好又干净的静修好去处。

我和巧克力妹妹的行李极简到不需要托运，单肩背走，省了托运费用。我们对泰国了解极少，但心中充满安全感。

就这样，在2013年的冬天，我们又上路了！

迷上泰北玫瑰——清迈

 去清迈

　　我们提前几个月买到了亚航的廉价机票，脱掉厚厚的冬装，穿上轻薄的衬衣凉鞋，瑟瑟发抖着冲进机场，登上飞机，飞向温暖一方。

　　在旅游业发达的泰国，我们没有出国的感觉，仿佛它只是中国最南部的一个省。入境简捷，工作人员看看护照，回收入境卡，双手合十，欢迎来到天使之国。我把入境卡交给巧克力妹妹填，酒店和旅游城市随便写，泰国海关和边防不会认真看。我喜欢泰国人的笑容，特别友好温和。

　　在国内换好1500美元。数学很糟的我和阿捷算了半天，也算不清机场汇率划不划算，于是只换一点车费。后来证实机场的汇率都不好，尽量去城里换。

　　刚走到大厅就看到有电话卡在销售。很便宜，一分钟三角钱。放进iPhone立刻出现3G信号；我的国产手机不支持，只能把泰国电话卡装进巧克力妹妹的学生机里，仅有电话和短信功能。我们四个人都不熟悉这些电子产品，当时我甚至不会用手机上网，和家人联系全靠打电话。

　　我们没有提前订酒店，出机场后，我和阿捷四目相对，今夜不知何处宿。工作人员打电话后，告知我们要等半个小时才有出租车，然后发给我们乘车等待券。几个西方背包客排在前面。我觉得无聊，背起行李到机场外找别的车。

　　天快要黑了。我东张西望，看到一辆车长得很奇怪，车厢里是面对面的两条板凳。"双条车！"我们招手，司机停下，说着柔软的泰语，貌似问我们去哪里。我愣了几秒钟，脑袋中模糊冒出一个地名："古城！"我曾在杂志上见过清迈古城。他居然听懂了："40铢！"我们连人带包滚进后厢。

刚安顿好，一对肤色白皙的亚洲情侣也上车了。女孩子20岁出头，个子不高，温柔贤惠，穿着棉布大T恤和人字拖，拖着一个大大的拉杆箱；男生个子高挑，有点像泰剧里英俊羞涩的男主角。他背着斜挎包，亲切随和。和司机用当地话交流。

车开动了。阿捷一直奇怪为什么这个车比出租车大，价钱反而便宜。我则试探着和那个女孩搭话。女孩微笑："姐姐，我记得你们，在飞机上你们坐我们前排！"她说着南洋普通话。

女孩是新加坡人，和家住曼谷的男友来北部山区度假。他们今晚准备去清迈夜市一家清幽的客栈住。我们恳请同行。女孩很高兴，但惊讶我们带着孩子出门却不预订住宿。巧克力妹妹和安妮愤怒地控诉我们是世界上最没计划的妈妈。女孩问我们的打算，我摇头，反问她的计划。他们只在清迈城里住一夜，然后上山。他俩在炎热的新加坡工作，想找清凉安静的地方度假。女孩给了我一个建议，比清迈古城更迷人的是泰北山间。

到达目的地，我们才知道车费一人40铢，我们四个就是160铢，比出租车贵！女孩找的客栈环境很好，古雅中隐隐透出奢华，但最便宜的标间也要1300铢，就是300多元人民币了，超出预算。小情侣也觉得贵，于是我们沿着小巷往前走，继续寻找。货比三家后，我们找到一家民宿，每晚700铢。环境简陋，但我们背着行李有些累了，凑合睡一宿，明天再慢慢找。

稍稍休息后，我们准备出去吃饭。

小旅行社的泰国姑娘推荐一家中档泰国餐厅，画了简单地图。我们沿路找去，餐厅歇业。又问流浪的英国大叔，他推荐"夜市餐厅"，说是"很贵，但很好"。餐厅占地面积大，坐落在湄平河畔，视野极好，看上去很高档的样子。泰国第一顿嘛，我们义无反顾地走了进去。

点菜是个问题。菜单虽然有英文，但也不知道什么好吃。

服务员不会说英语，我就干脆站起身来，以不打扰其他客人的凌波微步穿行在餐桌间，观察他们吃什么。一个长得酷似甄子丹的亚洲叔叔收到我的求助信号，很客气地用香港英语告诉我，他们夫妇是香港人，来清迈探望儿子儿媳。对面那个瘦小文静的泰国姑娘是他们的儿媳妇。泰国姑娘英文很好，她热情又得体地给我们介绍了几道菜——冬荫功汤、菠萝饭、咖喱鸡、椰奶面和青木瓜沙拉。味道真好！当然价值不菲，这一顿我们四个人花了人民币300多元钱。而且兑换钱币的地方都关门了，只能用美元埋单，很不划算。

回客栈时，泰国时间才晚上九点。孩子们很兴奋，不肯睡觉。我们索性去逛夜市。夜市之炫，规模之大，出乎意料。而且惊喜不断——歌舞表演，泰式按摩，民间艺人精美的手工艺品，各式美食……本打算把孩子们捣弄上床睡觉后，我们再下楼去做泰式按摩。谁知飞越半个亚洲，头一挨枕头再爬不起来。

清迈的第一夜，睡得香甜无梦。

探访东方文华酒店

第二天一早，我们就搬到另一家客栈——店主是清瘦的婆婆，穿麻布裙子，赤足行走在安静的小木楼里，暗红家具，石雕佛像。房里开两扇窗，灿烂的阳光照进来，白底小花的棉布窗帘被风吹得飘飘扬扬，窗外绿意盎然，热带植物肥大丰美。这家民宿很便宜，带独立卫生间和热水器的空调房间不过500铢（约100元人民币）。我们在这里住了五晚。

宽阔的湄平河缓缓流过小城，不紧不慢的渔船飘摇其上，河边有枝叶繁茂的菩提树。铜桥缠绕着凤凰花，年轻人骑着摩托车去桥上，牵手谈恋爱。桥头的酒吧很有趣，由一辆红色校车改造而成。

吃完早中餐，我们换上最正式华美的衣裙，坐着嘟嘟车，去向往已久的东方文华酒店。

清迈的东方文华酒店是六星酒店，在全球排名前20。这里最便宜的房间每晚高达4500元人民币。各国元首来清迈首选东方文华。我曾在杂志上看到那里的就餐环境——客人悠闲地坐在法式餐厅宽大的露台上，闪亮的水田近在咫尺……我们住不起六星酒店，却希望在这个昔日的兰纳皇宫吃一顿饭。

走进并不显眼的大门，我们一边震惊于眼前吴哥窟般的辉煌哥特建筑，一边对两侧镶满宝石的精美壁画赞不绝口；保安询问我们的房间号。我们说想去餐厅吃饭。他说游客只能走到大厅处，后面是尊贵客人的休息区，拒绝参观；至于酒店餐厅，只对房客开放。我表示理解，也欣赏他们对客人隐私的保护和尊重；但既然来了，只在酒店前转一圈就离开，未免有些遗憾。

想到这里，我决定和酒店经理沟通一下。我告诉她，我们是慕名远道而来的客人，对东方文华这样高品质的酒店非常向往；孩子们希望坐小马车参观酒店，我们愿意付费，并且一定保持安静，不影响客人休息；我们想要去心仪的法式餐厅吃晚餐，希望预订离水田最近的座位；我认为他们在保护房客隐私的同时应该尊重就餐客人的要求；最后，我有点不满地说，我们是潜在的客人，我们的民间宣传让你们的酒店更有亲民性。毕竟，基数庞大的中产阶级也有实力偶尔住六星酒店。经理很耐心地听完我的要求，专业地提出解决方案：感谢我们对酒店的好评；可以为我们安排马车，无需额外付费，给车夫一点小费即可，但请孩子们一定保持安静；餐厅六点营业，她会为我们预约座位，到时高尔夫车来大门接我们就餐；她认为我的建议很好，希望将来我们入住东方文华，感受正宗泰北文化；坐马车游览完酒店后，我们可选择去外面的西餐厅喝下午茶，也可去游泳池喝饮料，祝我们在东方文华留下美妙的回忆！

孩子们高兴得跳了起来！阿捷对我竖起大拇指！

于是，马车夫恭请我们上车，驾马走进神秘的兰纳王宫。真宏大！真生态！真隐秘！里面有原始森林，有精心维护的水田，有数不尽的奇花异草，还有掩映在蕉林中的栋栋独立小楼……林荫道上，一对穿着白色麻布衣裤的高挑中国母女骑酒店免费提供的自行车健身，她们很安静，气质优雅。我忍不住感慨："巧妹，真希望有一天我们以房客身份住在这里！"巧克力妹妹拍着胸脯说："一定有那一天，我请全家！"

马车跑十几分钟后，回到出发地。我双手递给车夫200泰铢，他礼貌地道谢，不见他特别欢喜，可能是这里富人太多，高额赏金见多了。

之后我们去酒店门口的下午茶餐厅吃点心。折合人民币200元的套餐，没必要，单点覆盆子蛋糕和杧果冰淇淋，人均消费不到50元钱。

餐后，我们脱鞋进入酒店图书馆。温柔美丽的泰国少女递上拖鞋，然后悄无声息地退下，用雪白的抹布轻轻擦拭书上看不见的灰尘。图书馆里没有读者，我们在檀烟香氛中看画册。

接近六点，高尔夫小车接我们去法式餐厅，一到门口，侍者用温婉的泰式英语询问我是不是订餐的黄女士，验明正身后，请君入席。穿过汉白玉长廊，欣赏美轮美奂的喷泉群雕，踏上高高的台阶，走进神庙般的餐厅，我们如愿以偿地坐在露台最靠近水田的位置。太完美了！

体验热带丛林飞跃

地处热带，四季温暖，泰国有很多价廉物美的户外运动：浮潜、攀岩、自行车越野和丛林飞跃等。

　　我们参加了飞龙在天俱乐部组织的丛林飞跃，同行还有两个德国小伙。车向清迈北部山区开去，路标指向拜县、清道和素贴山。

　　清迈的山海拔不高，山路舒缓抬升。山间植被繁茂，低洼处是清澈的小溪。山林间有宫崎骏电影《幽灵公主》里的清幽神秘感。植被分三层：高大的乔木遮天蔽日；中间的灌木开满五彩缤纷的花；地面潮湿处有低矮的小草……

　　皮卡行驶约一小时，来到山腰的俱乐部。木屋下临深溪，背靠郁郁山林，环境很幽静。一个皮肤黝黑的泰国小伙坐在地上，笑眯眯地打量我们，突然开口唱："浪奔，浪流……"反复唱了几遍，我们终于听出他在唱《上海滩》。我和巧克力妹妹哈哈大笑，他也咧开嘴，指着我们："中国人？"我们忍俊不禁地点头。在泰国旅行，遇到的每个人都非常友好，乡野比城市更朴实。

　　众人一路言笑晏晏，沿小路上山，偶尔采几颗野生咖啡豆咀嚼，作势将手指放进毒王蜘蛛的洞口。清迈的植被保护得很好，珍贵的树被拍照记录随时回访以防砍伐。这样的细节让人欣慰。

　　教练爬上树屋，教我们飞行要领。我听不懂他说的话，两只德国呆鸟也一愣一愣。巧克力妹妹第一个飞出去，有点紧张，在空中僵硬地滑行；她试探着一切尚好，就展臂呈飞鸟状；然后，她放开保护绳，来了一个倒立蜻蜓；我头发竖起，紧张不安，教练安抚我："她是安全的！她不会有事的！这女孩很棒！"不会英语的巧克力妹妹完全能看懂教练的身体语言，她心领神会该怎样玩！厉害！小孩真是神奇的生物，自有一套获取信息的系统。出门在外我很依赖巧克力妹妹。她就是我的GPS，走过的路过目不忘，无论在柬埔寨、泰国还是在中国香港，没有她，我找不到回旅馆的路。

　　丛林飞跃对体力和应变力要求不高，几乎没有危险系数。我们飞行24段，只有两段小插曲。一次是我在空中旋转装飞人，结果快到下一棵树时没来得及转身，屁股猛撞到树上，好痛好痛（正常情况应面对迎面的树，用脚一蹬刹车）；还有一次，安妮体重太轻加速度不够，滑行一半挂在绳索中间进退不得，教练猛地荡过去把她撞到对面。安妮热爱冒险，不惊反喜，和巧克力姐姐蓄谋再次挂在空中，她俩觉得"遇险"特好玩。教练看穿两个小姑娘的心思，把她俩五花大绑成超级宝宝的形状，增加重量，从此再没搁浅。

第一次体验泰国的户外活动，我们非常喜欢，满意指数百分百。

我喜欢清迈山间的空气和浓厚的植被，难怪新加坡女孩说"城市不好，我们想去山上住几天！"我们也正有此意。央求司机带我们去投宿，他把车开到当地最好的度假村。我们一下子迷上这个地方——开阔的花园，干净的游泳池，精致的小木楼，洗手间里的镜子是古旧的木窗模样，栋栋独立的小别墅散布在鹅卵石道边，掩映在蕉林中。我心目中的五星酒店不过如此！

一个穿拉夫·劳伦T恤的泰国中年男子接待了我们。他很儒雅，有浓浓的书卷气。他带我们参观房间——一栋小别墅是一个房间，四扇窗户，酒红色绸帘，格调典雅脱俗。家具卫浴品质上乘，房间宽大，每栋别墅有独立门廊阳台，浓厚的植被遮掩着私密的居所。男子不清楚价格，要问太太。太太在度假村深处的大木楼——一个年华已逝但淡雅温和的妇人，一袭布衣，说话很轻很慢。我想起了《挪威的森林》里弹吉他的玲子，这就是"森女"气质吧！她给的价格是每晚1250泰铢一栋小别墅含早餐，不到300元人民币。太满意了！在清迈城里疯癫够了，最后两天，我们要隐居在这里——游泳、徒步、骑车、看书、看电影、睡觉，过神仙般的日子！

打卡泰北第一名山素贴山

睡到自然醒，吃清凉浓香的杧果、山竹当早餐，巧克力妹妹穿着睡裙伏在桌上做作业。温度舒适，迷人的27℃，有风，白底碎花的布帘翻飞，让灿烂的阳光、院子里的绿色植物和红色九重葛映入眼帘。光影中的东南亚，妩媚迷人，惹人遐想。

租了一辆出租车，我们准备四处看看。先去西面的圣山素贴山。素贴山起伏不大，海拔仅1600米。一路车流很拥挤，自行车骑士们全副装备，大汗淋漓地向山上攀爬，不少老外沿公路跑步上山。绿油油的森林连绵不断，虽阳光暴晒，温度不过20多度。

大约50分钟后，司机停车，说前方是泰北第一名寺——素贴寺。我们沿修成九头蛇纳伽的三百阶梯拾级而上，脱鞋进寺庙，抬头见贴了金箔的佛塔在阳光下熠熠生辉。信徒手持莲花，轻念佛经，沿佛塔顺时针行走。拜佛时，人像美人鱼般坐在地上，供奉莲花。佛塔里有俗世的静修者，默默坐在佛像下冥想。几个学习佛法的小僧侣，年龄不过五六岁，活泼可爱，对游客既不反感也不理睬。因为不太懂泰国佛教，我们不敢乱拜，先静静地旁观。

下山顺路去素贴山瀑布。瀑布规模不大，水流从天而降。杳无人烟，煞是清静，我们找一块大石头躺下，一觉睡了两个小时。憨厚的司机大伯久等我们不归，进山来找。见几个女子居然在树荫下睡觉，他轻舒了一口气，深感不解。

素贴山下是泰北第一名校清迈大学，建校50年间曾培养出一个曼谷市长。宽阔的校园被闹市分为两个校区。在学校里晃荡，遇到穿着美丽长裙戴着精致草帽的中国小清新少女。她们说清迈大学美术馆不错，值得一看。

清迈大学真有趣！双条车跑了10分钟，穿过田园风光的校园，穿过车水马龙的闹市，最后进入静谧开阔的区域——司机说这就是我们要去的美术馆。我们茫然下车，很担心找不到回去的路！

美术馆外面是草坪，有废铁丝做成的雕塑，我最喜欢艺术家变废为宝的能力。馆内本没有永久展品，加之正在装修，此时没有巡展，只有少量学生作品。美术馆的走廊曲径通幽，一两个艺术系的学生或坐台阶上画画，或在藤蔓阴凉处看书。环顾四周，我厚着脸皮请大学生给司机大伯打电话说明我们的位置。几经周折，大伯终在半个小时后找到我们，把我们接到了古城。

古城比夜市嘈杂，住宿也贵。孩子们欢天喜地吃了麦当劳，我和阿捷继续挑战泰北美食，米肠、烤鸡腿和冬荫功汤。

走进夜间动物园

到泰国，热带水果肯定吃个够。清迈当地最大的瓦洛洛市集是鲜花和水果的海洋！一个摊位连着一个摊位，让我们过足了瘾——三元一斤的山竹，四元一斤的杧果，五元一斤的红毛丹，硕大的菠萝，吃得巧克力妹妹直喊腻，回家三个月不想再碰热带水果。

在一家小旅行社，入赘泰国媳妇家的德国小伙热情无比，听他天花乱坠说了一番后，我们买了他兜售的游览清迈夜间动物园的门票。

导游兼司机托伊专业守时，提前五分钟接客人。到夜间动物园时，暴雨初歇，空气清新得一塌糊涂。一大群梅花鹿不知从哪里跑出来，悠闲地啃草。见有人来，它们机灵地靠过来嗅背包，知道里面有好吃的。

托伊带我们走天鹅湖上的美洲虎小道。沿途惊喜连连，我们相继看到优雅美丽的白天鹅，淘气好奇的浣熊，咆哮不止的大黑熊，暗夜杀手美洲狮……

最棒的一段是乘坐敞篷观光车，沿东西线参观食肉动物和非洲草原大型动物。孩子们一人买了一小篮胡萝卜和香蕉。导游说着温柔的泰式英语带我们上路了，在暗夜里和动物亲密接触是一种特别的体验。一见小火车来，食草兽们便一拥而上。导游一再警告："不要喂斑马哟！斑马咬人！手一伸出去，回来指头就没了！"可怜的斑马，因口碑不良，失去美味的小零食。这次和野生动物的"亲密接触"让孩子们兴奋不已。

晚七点回到中央广场看"人妖"的歌舞表演。为生计所迫选择变性的他们，在声色犬马中迅速耗尽青春，然后像用旧的抹布，被扔到人们不再关注的角落——阿姆斯特丹的红灯区，泰国贫民窟中的某条阴暗小巷，忍受心理和生理的双重煎熬。

我们终于在晚上十点回到客栈。吃了温热甜腻的杧果饭，享受每天的最后项目——泰式按摩。我们在清迈的第四天就这样过去了。

花样繁多的一日游

泰国女孩尼娜组织的一日游项目非常多，包括参观兰花园、到泰缅交界处拜访长颈族人、骑象、徒步去瀑布游泳、漂流。每样浅尝辄止，却恰到好处。可饱食终日，让我变得不想看书，不想写东西。

兰花园的规模相当小，但是各种清雅脱俗的兰花悬空生长，不需土壤，这让人惊讶不已。巧克力妹妹发现兰花大多无味，难道圈养的兰花因不需要招蜂引蝶，生物性也改变了？我们百思不得其解。

为拜访长颈族，双条车开进朴素的小村落邦东龙，身后群山起伏，面前水田层叠。道路两边是竹子搭建的摊铺，妇女带着小孩，或坐或卧，卖点小手工艺品，和游客拍拍照。原来长颈族真的存在。这里的妇女儿童项戴金环，把脖子拉得很长，她们认为越长越美，睡觉也不舍取下。我拿起一个沉甸甸的颈环，起码有五斤。

泰缅交界处，有猛虎出没，专喜咬人脖颈和膝关节，所以柔弱妇孺戴上金环保护易受袭击的部位；泰缅交战，缅甸人好砍脖项，为保护妻女，带脖环的传统进一步得到发扬。现代旅游业使长颈族人成为市场需求，她们靠供人参观谋生。

骑象时我们暴晒在正午阳光下，溯流而上，有趣的是，因没在丛林中穿行，反获得欣赏丛林的机会——天蓝树绿，大河奔流，繁花盛开。我们的象贪吃，鼻子灵活地卷来卷去，甚至伸进我们的包里。善解人意的西班牙爷爷不时递过一个香蕉，慈祥地看着巧克力妹妹笑。

徒步去瀑布游泳。可爱的导游显然深爱这片土地，他激动地拍照，自豪地指着前方50米高的大白树，告诉我们这是自然的奇迹。漂流时，船长故意把冰冷的河水浇在阿捷身上，听她尖叫，他乐不可支；他瞅空把新西兰男孩推进水里，在大家的惊呼声中扬扬得意；他把巧克力妹妹和安妮拎起来，往水里抛……像一个没心没肺的大孩子，天天陪客人漂流，依然快乐着，真羡慕他！

我们在路上遇到一群金发碧眼的老外用轮胎漂流，他们穿着平常的衣服，湿淋淋地躺在轮胎里，有的手举香烟，有的握着啤酒。我们手起桨落，河水把他们淋个透心凉，浇灭了烟，淹没了酒，在叫骂声中，我们的竹筏仓皇逃走。

疯玩一整天，五花八门，眼花缭乱，每样都不尽兴，但每样都玩得身心愉快。

越野摩托疯狂体验

全地形四轮越野摩托车，这么刺激的项目，我们当然不能错过。我们决定载着小孩，骑摩托探索清迈乡村。

谈好价格，我和阿捷试着练习开了一会儿。驾驶很简单，手臂用劲掌握方向盘，手指控制油门，手脚都可控制刹车。在庭院里开了两圈，没啥大问题，我们就上路了。前后两个教练开路断后，保证过马路时的安全。

清迈山间真美！绿树繁花，天蓝水清，清迈的美属于天生丽质。我们迎风驾驶，身体沐浴在艳阳下，鼻息里满是松林炊烟的味道，耳朵里听着大自然独有的和谐交响乐，鸟鸣、蜂舞、水流、风吹、花动、摩托车风驰电掣。我最喜欢沿途经过的小村庄，再小的房子前面都有花园，再矮的屋檐下都有藤蔓，每个人的脸上都带着笑意……

我被午后暖风吹得睡意昏沉，结果意外发生了，我一头撞上土路旁的泥坡，迷迷瞪瞪中身体一震，惨叫着摔到地上，灰头土脸。巧克力妹妹摔到路中央，鞋子飞出好远！万幸的是，我们娘俩相当皮实，毫发无损。教练粗暴地剥夺了我的载人权，把巧克力妹妹搁到他的车后。

两小时的驾驶，累得我筋疲力尽，手脚麻木。小孩们没精打采地坐在后座上，连说无聊，有一半时间在打瞌睡。有些事情，必须参与才有乐趣。游泳和开车，都是如此。这次的体验让我觉得开摩托很好玩。回重庆后去驾校考了摩托车和三轮车驾照。

回古城吃到了城里最好的咖喱，步行回客栈，一路探索数量众多的寺庙。从古城出发，朝任意方向，10分钟内必见庙宇。有的庙宇里有中药香薰按摩学习中心，菩提树下老师从容不迫地为客人按摩。这里很安静，暮鼓晨钟中，身穿橙色衣服的僧侣用洗衣机洗衣服，照顾大批流浪狗，自有禅意。

我们离开城市，夜宿山区。我无比愉悦地躺在干净的大床上看书，巧克力妹妹趴在窗前做作业。雨打芭蕉，风褪残香，我预感在清迈的最后两天将是此行最美好的日子。

住进山间度假村

在清迈的最后两天，我们住进了山间的小别墅。所谓世外桃源不过如此吧！

我和巧克力妹妹住一栋四窗的古雅小木屋，柔软的大床上铺着洁白的被单，里面有阳光的气息，姜黄色浴巾折成三角形，规整地摆在床尾，卫生间宽敞芳香，格调高雅。我推开窗户，掩上纱帘，雨后灿烂的朝阳和清新湿润的空气迫不及待地钻进鼻子。我们长长地伸个懒腰，肆无忌惮地赖床，穿着舒适的布裙拖鞋去餐厅吃顿丰盛的早餐。迷人的27℃，不冷不热，繁花映晴空，满目滴青翠。

上午小朋友们乖乖学习，中午最热时去泳池。孩子在池中玩耍，妈妈捧着一盘冰镇水果，躺在沙滩椅上，边吃边看书。整个泳池只有我们。

懒懒散散，醒醒睡睡，不觉太阳已偏西。我们骑着度假村的单车，拿着老板娘小乔的手绘地图，去探索这片山区。在景色如画的山间小道骑得正意气风发时，寺庙前一群野狗来凑热闹，围着我们狂吠。一个瘦小的男子从寺庙里出来，在他的保护下我们离开野狗群，惊慌失措地打道回府。小乔听了我们的经历，非常诧异，她说这附近的狗通常不攻击人。于是她很贴心地叫来一个男子给我们引开狗群，帮我们迅速通行。

我们去了温泉。整个区域白烟氤氲，硫黄刺鼻，大小天然坑洼汤池星联。当地人淳朴文明，把温泉舀到自带的盆子小桶里洗脸沐浴，避免污染。我们借大叔的水瓢，舀水洗脸冲脚。骑车累了，热水一冲，神清气爽。

迎着漫天火烧云，我们骑行在浓密森林和晶莹水田之间。

山中两日神仙般的日子，给我们的泰北之行画上了圆满的句号！

泰南美貌无边的那些海

▶ 从清雅的泰北到狂欢的泰南

在清迈机场，我们再度邂逅骑象时施舍香蕉的西班牙爷爷。他热情地向我们介绍泰南岛屿。他说甲米是他生平所见"最美的海滨"，让我们一定去。他详细画了地图，标明心仪的酒店。

泰北有山，泰南有海——且是享誉世界的顶级海滩——月牙形的细白沙滩，能见度极高的海水，成群结队五彩斑斓的热带鱼。

也许期待值太高，甲米的奥南海滩有些令人失望。

普吉和甲米是两个府，隔海遥望。中国游客熟悉普吉，跟团游一般去普吉；独立旅行者喜欢甲米，它壮观的海上喀斯特地貌适合攀岩。

临近春节，泰南海岛迎来大批中国游客。大家涌向普吉，原本在普吉发呆的老外们被挤到海峡对面的甲米。于是甲米变得拥挤不堪。我们330元人民币一天的小木屋，条件简陋，需步行10分钟才到不干不净的沙滩。看到绿油油的海，两个小女孩一撇嘴："水不蓝，不算海，只能叫湖！"

傍晚在海滩上赤脚行走，海上喀斯特高岩奇峰耸立，夕阳缓缓沉入大海，漫天艳丽云霞中，两个小女孩追逐嬉戏妙语连珠，此情此景，煞是美好。一对瑞典夫妇给我们推荐竹楼餐厅，食物不错，肚子吃饱后情绪也高涨起来。

可是，深夜我们迷路了，一位喝醉的德国大叔热情地送我们一程。周围漆黑且荒凉，长草没膝，树影森森，偶有闪着诡异彩灯的嘟嘟车经过，灵车一般。几个年轻人骑摩托车过时，突然大叫，吓得我们跳起来悬在空中，他们张狂大笑着飞驰而过。

好不容易回到住处，冷汗涔涔，却发现手机落在了超市。半夜三更，我和巧克力妹妹再次摸黑出门，走一大段夜路去取手机。超市的美女浅笑归还。千恩万谢后，我们如丧家之犬狂奔回客栈。

睡到半夜，门突然洞开，一个黑黢黢的人影进屋。我被吓醒，头发倒竖。结果是阿捷。木屋是家庭房，两房之间只隔一扇门。阿捷半夜如厕，错把我们的房门当成厕所门推开，惊得我魂飞魄散。

一路向南，甲米到兰塔

为寻找蔚蓝大海，我们决定离开甲米继续往南。

我们乘坐公交小巴，一路很有趣。小巴过无数海峡，上渡船，摆渡过海，下渡船，走陆路……然后又上渡船，摆渡过海，下渡船，走陆路。

整整坐了一天车，终于，司机示意我们满月客栈到了。两个小孩一声惨叫，我也掩面不忍直视。眼前简直是一片荒草地，堆放了不少垃圾。未来四天，我们就住这里？！

还好大海真的近在眼前，推开门就可跳进海里。两排简陋的木屋，掩映在茂密的植物下，一小汪泳池，横在大海和住宿区之间。坐在露天餐厅吃饭时，碧海近在咫尺，海风吹得人昏昏欲睡。到目前为止，除了大海，兰塔的一切我都不喜欢。它是一个原住民的海岛，几乎没有美感。孩子们却一派欢喜，因为眼前是真正的"海"。

房间宽敞，温度比较适宜。房内没有装饰，墙壁油漆脱落，空气中弥漫着驱蚊药的气息。我非常郁闷地躺在毫无美感的床上，丝毫提不起兴致。

　　下午五六点，阳光褪去热辣，我和巧克力妹妹换上浮潜衣，下海去。安妮作业老做不完，阿捷情绪不好，她一怒之下规定，在没有完成任务前，安妮不许下海。

　　以前在海里游泳，头裸露在水面上，看不见海里乾坤。今天头一入水，发现海下是神秘莫测的世界：黑色的小鲨鱼，黄黑相间的石斑鱼，灰乎乎的海鳗，宝蓝色的闪亮小鱼成群结队游走。最惊悚的是，这个区域有大量水母，密密麻麻，悬浮在光线渐渐暗淡的海水中，吓得我们不敢落脚，惊慌失措四下乱游。尽管害怕水母，这片海域还是缓解了我们郁闷的情绪。

　　半夜被蚊子咬醒，一身疙瘩奇痒奇痛，我一直挠到天亮，手臂几乎破皮。

　　兰塔第一天，有点糟糕！

　　挠着蚊子咬出来的红包，我恨恨地睁开眼。一缕斜斜的橙色朝阳射进房间，海风的凉气轻抚我裸露的手臂。巧克力妹妹在我身边躺成一个大字，香甜地流着梦口水，薄薄的面皮泛着健康的红晕。我满心嫉妒地换上泳衣，一头扎进大海。潮起潮落，清晨大海离岸很近，水拍打着木屋露台。阳光充足时我才发现，昨天那遍布水母的区域，其实是珊瑚礁。珊瑚对环境变化极敏感，用手触摸会导致珊瑚死去。我不想伤害珊瑚，半小时不停游动，没敢落脚。

　　泡在海水中，手臂上密布的蚊子包痒痛难耐。我爬上岸，举着手臂找老板娘投诉。她拿出一盒类似清凉油的膏状物给我抹抹了事。我相当不满，她老公想出一招：帮我装蚊帐。我的第一个困扰解决了。第二个问题是巧克力妹妹绝食，说食物太腥。趁她做作业，我顶着大太阳，到街上的超市给她买咖喱鸡饭、沙拉和冰果汁，顺便买了游泳圈和冲浪板。

　　下午四点，大海开始涨潮，我和巧克力妹妹带着泳圈下海。安妮作业没完成，眼巴巴看着我们。我为她求情："人家看了三天海，连海水都没碰到！哪有这样来海边度假的？"阿捷勉强同意我把安妮带下海。我们三个躺在泳圈上，任凭海浪把我们越抛越远，远到看不到岸时，才游回去。周围没别人，只有岸上微弱的点点灯光和天上玉盘似的一轮明月。巧克力妹妹说她晕泳圈了，这样躺着摇晃很难受。我和安妮惊愕：巧克力妹妹晕汽车，晕船，晕飞机，晕火车，闻汽油味晕，闻荤腥味晕……泳圈也晕？！

兰塔第二日，依然没啥意思。

穆斯林美女带我们环岛游

有了蚊帐，一夜安睡。醒来看着破旧的墙壁，我叹口气。不能老关在这里守着这片海，我得出去了解一下岛上有没有好玩的。床头柜上有一本前任房客留下的兰塔攻略。顺手一翻，兰塔岛很小，开车环岛一圈不过一个多小时。岛上住宿的地方颇多，我有逛客栈的癖好，决定走一圈，为下次父母度假寻觅好住处。

踢踏踢踏拖着皮鞋，蓬头垢面走出去，进到人家客栈，看看环境，嗅嗅房间有无异味，检查游泳池是否清洁，问个价格，拿张名片就走。

路边的鸡腿烤得蜜汁横流，香气四溢，我给孩子们买了两个。然后去租车，价格倒便宜，但是没司机。对于在东南亚开车，我有点发怵，这里的车速可用电光石火来形容，飞一般的快。还车的德国阿姨建议我不要租车，太危险。

说话间，一辆崭新的白色本田两厢车开了过来，漂亮的女司机头上包着粉色头巾，大热的天身上裹着严严实实的罩袍。她主动揽生意，和我谈妥半日环岛游300元。这价格四人平摊能接受。

回到客栈，接上巧克力妹妹和阿捷母女，钻进穆斯林女司机的车。

到兰塔岛后，第一次发自内心感到喜悦。滨海公路，美艳的穆斯林少妇开着日本车，放着雷鬼音乐，看着一路繁花盛开，海鸥蹁跹，大海碧蓝，沙滩洁白，椰树摇曳，白崖耸立，这才算海岛。兰塔岛国家公园游人稀少，热带雨林下美丽的阳光沙滩，孤独的白色灯塔位于海边高岩制高点，遗世独立。

踏上雨林里近三公里的栈道——这个距离对于徒步而言，太舒服不过。小小舒展筋骨，边走边拍照，根据路标观察白蚁穴和植物，我们大约走了一小时。这么热的天，也不适宜走更远。我们汗流浃背，坐在海边凉亭里休息。巧克力妹妹捡了一个木菠萝，照地上使劲一砸，观察里面的果实。果肉的甜味把母猴逗了过来，她龇牙咧嘴地冲我们咆哮。

回到客栈，热得冒烟的我们一头栽进大海。

兰塔岛第三天，有点意思了！

原计划和今天赶到的小玲一家出海。可小玲一早打电话来说，春运高峰，飞泰国路上遇到各种意外，下午才能到兰塔岛。

没等到小玲，我们和动物收容中心英国志愿者女孩丹妮尔一起乘快艇出海。去两块极美的礁石附近浮潜，有大量热带鱼来讨食。快艇提供冰镇碳酸饮料和菠萝、香蕉。我们带水果下海。鱼儿喜食香蕉，对酸酸的菠萝不感兴趣。偶尔鱼儿误把我的指头当食物，不客气地咬一口，痒痒痛痛，有几分力道。

穿上救生衣，游过长约百米的黑洞，里面居然是世外桃源般的海滩森林。我看到身下有成千上万的小鱼，欢天喜地地叫巧克力妹妹来看。一位泰国船员说："不！这是一只很大很大的鱼！"原来，这不是千万条小鱼，是一条身上长了很多斑点的大鲨鱼，从我们的肚皮下游过！

一位82岁的挪威爷爷，皮肤被烈日晒成煮熟的龙虾皮，和我们一起在海上游泳浮潜。我真佩服他！

告别兰塔，露宿机场

筋疲力尽回到客栈。老板乐呵呵地跑来告诉我，我朋友来了。可我找了一圈没看到小玲他们。原来，疯狂的小玲一家，舟车劳顿两天后，一到兰塔先跳进大海游泳，然后租了房东家的双条车环岛游！我真欣赏他们的勇气和热情。

在房间里等了没多久，笑言小朋友咚咚咚敲门："QQ阿姨！巧克力妹妹！我们回来了，起来吃菠萝！"

刘怒兴奋得摩拳擦掌："走，带你们出去玩！我们租了一辆双条车，这么大，全部人都装得下！方向盘真叫重，我有点搬不动！"小玲激动得脸上笑开了花："你帮我们定的房间位置真好！隔海这么近！这么偏的地方，你们怎么找来的？"我答："这么偏的地方，凭一个地址，你们从重庆万里迢迢找来，还是你们牛呀！"我们开怀大笑！

晚上我们在岛上最高档的餐厅吃年夜饭。今天是中国的大年三十！过年没陪在父母身边，真心内疚。父辈的人生观和我们太不一样。我渴望有一天能说服父母和我们出来走走，我牵着他们的手，看看故乡之外的日出日落潮起潮落。

人生都有缺憾，正因不完满，才会不断追寻。

早起，告别小玲一家，我们回甲米。大年初一的机场，冷冷清清。候机时，我用剩下的一点钱买了几张邮票，把早在清迈买好的明信片投入邮筒。

晚上九点到廊曼机场，第二天清晨六点飞重庆。为节约开支，我们决定露宿机场，人生初体验，按捺不住的激动呀！在机场吃了美味的日本寿司，去厕所洗漱干净，舒舒服服地躺倒在两排椅子拼成的"双人床"上。

肤色各异的陌生人，有默契地尊重着彼此，静静看书，静静坐在地上充电上网，静静睡觉……我把行李绑在自己的和巧克力妹妹的长发上，安安稳稳地睡着了。

Chapter 6

绕着美国走一圈

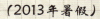

（2013年暑假）

　　买一张美国铁路通票，坐在宽大到可以放倒自己的软座上，四周是透明的玻璃车厢，坐火车环游美国。听起来不错吧？关键还很便宜。美铁已经服务美国100年了，尽管有晚点的坏口碑，但是服务确有诚意。在美国买火车票就像买飞机票一样，越早买越便宜——我们的通票大约折合人民币4000元，一个月，12次上下，不限里程。沿途感受公路兴起之前的铁路小镇，穿过无边无际的中部荒原，在静静的国家公园里漫步，去世界顶级的博物馆和美术馆看艺术原作，混进哈佛大学的图书馆看书……我们的行程：北京—首尔—西雅图—冰川国家公园—堪萨斯城—芝加哥—纽约—华盛顿哥伦比亚特区—波士顿—芝加哥—洛杉矶—波特兰，50天，人均3万元。因为购买大韩航空的机票，在首尔转机时，可以免签停留90天，所以我们顺道小玩了一下。不要被东西海岸吸引了全部目光，美国的魅力，在于它的广袤和多元。敞开你的心，自由行走美国，你会邂逅无数的惊喜和感动。

　　旅途阅读书目：《西游记》《疯哩个玩美国》《偏跟山过不去》《失落的大陆——美国小城之旅》《大森林里的小木屋》《LP美国-孤独星球Lonely Planet国际指南系列：美国（第二版）》《让木乃伊跳舞：大都会艺术博物馆变革记》《我的免费纽约》

决定回趟美国的家

2013年8月4日是弗雷德爸爸80岁生日，他曾说他能活到103岁，让我在葬礼上播放美国海军陆战队队歌和路易斯·阿姆斯特朗演唱的《美好世界》。他很乐观，但我却怕来不及，想去看看他。

这个夏天，我带着巧克力妹妹，前往美国！我有一个疯狂的想法，绕着美国走一圈，从加拿大到墨西哥，从太平洋到大西洋，最后横穿中部，探索国家公园。

计划50天的美国之旅

这次美国之行，除了我们母女外，我的学生豆豆和我们同行。小玲母子在纽约和我们会合。

豆豆说，老师我想住青年旅社，感觉好好玩哟！

巧克力妹妹说，妈妈我想看百老汇的音乐剧。自上次看了中文版《猫》后，她对百老汇很感兴趣。

小玲说，我们想多看看博物馆和美术馆。

而对于我来说，最吸引我的，永远是人。我答应参加保拉的家庭聚会和弗雷德爸爸的生日派对。我还想看看洛杉矶、旧金山和休斯敦的学生。我曾去过的黄石公园，大提顿，大沼泽国家公园，没去过的优胜美地，科罗拉多大峡谷，都想与巧克力妹妹和豆豆分享。我还想骑自行车沿着横贯东西的66号公路，感受美国"美好的旧日时光"。或预订三个绿龟巴士的位置，和来自不同文化背景的人交朋友，也是不错的主意。短短50天，这么多目的地。美国真的很大呀，我们每个人只有两条腿，能走多远？

还好我有保拉。她得知我们签证通过，高兴得不得了，第一时间发来邮件："我用美铁的里程积分，给你们换了三张火车票，一个月有效，可以上下12次的美国铁路通票，完全免费！我和芭芭拉在西雅图接你们，当晚游西雅图；第二天下午，你们的美国环游开始……第一站乘"帝国缔造者号"去蒙大拿州的冰川国家公园，我会为你们预订能看见最美风景的三人间小木屋和第二天景区里的环保穿行巴士，全部已付费。女孩们，好好享受！接下来你们将启用第二段车票去芝加哥，然后到堪萨斯城。我的弟弟会租一辆12座的车来接你们，带你们去密苏里南部，参加我们为期四天的家庭聚会。我已预订好湖畔木屋，这是我送给你们的礼物。希望你们在美国有一个美好的开端。我的弟弟会送你们回火车站，坐上去东海岸城市的列车。好好探索，亲爱的朋友们！"

还好我有弗雷德爸爸。他已近80岁高龄，虽然朋友们说他现在变得有点固执，但我始终是他最疼爱的孩子。听说我们要去美国，他立刻预订了黄石公园的营地，计划开房车带我们去露营。他已经等不及想看看巧克力妹妹；我人没到，他连手机都给我准备好了，并把号码发给所有朋友，通知大家他的中国女儿要来了；他要我开出喜欢的食物清单，好提前去亚洲超市大采购……

当北京遇上西雅图

人在囧途，从重庆去首尔

我们要从北京飞西雅图，豆豆高考结束后，豆爸就送我们一行三人，带着13个包去火车站。我们要先从重庆乘火车到北京。

旅途漫长，为了两个孩子在火车上多读书，我在图书馆借了一大包书，到北京后请姐姐寄回重庆。我希望孩子们游学，而非一味疯玩。

我们预订的是大韩航空的机票，会先到韩国首尔，停留一天后再飞西雅图。

北京飞首尔只需两个小时。下飞机时已是当地时间午夜12点。为节约住宿费也为安全起见，我们计划当晚露宿候机大厅。豆豆兴奋极了，笑得都合不拢嘴了。可惜我们来得太晚，舒服的软椅被占了，只剩下灯光下的不锈钢长凳。我们洗漱后钻进睡袋。灯很亮，板凳很硬，空调很冷，这一夜睡得不安稳。豆豆半夜睁开眼睛，发现有人正对着我们拍照。原来我们任成了别人眼中的风景！她迷迷糊糊睡过去，再次醒来时，发现我不见了，一个陌生人坐在她身边看电视！豆豆吓得彻底清醒。我半夜被冻醒，躲到角落看新闻，看到飞机坠机。第二天打开微信、QQ，几百条问候，关心我们是否生还。原来我们坐大韩航空飞西雅图的同一天，韩亚航空的飞机在旧金山坠机，两个中国女孩因没系安全带，在事故中丧生。从此，豆豆和巧克力妹妹很自觉地认真系安全带。

巧克力妹妹：真正的西雅图

七小时后，北京遇上西雅图，时差让我们奇迹般穿越时空，倒回当天正午！我们终于踏上美国的土地。妈妈眼中闪着泪光，扛着大包小包，以企鹅般摇摆的姿态在大厅投入保拉奶奶和巴布奶奶的怀抱。飞过千山万水，2013年，我们如约相会在美国。为接我们，奶奶们开车四小时，令人感动。我非常惊讶，幽默漂亮的巴布奶奶居然81岁了，她酷酷地坐进驾驶室，开车带我们看微软和波音公司。妈妈说，美国人相信只要心不老，人就可以永远年轻。

巴布奶奶说，一群印第安人只有一个酋长，现任的酋长是保拉。保拉首先带我们去逛西雅图有名的派克市集。美国每一丝空气都燃烧着热情——遍体文身的大哥哥弹着吉他唱甲壳虫乐队的歌曲，冰碴里埋着脸盆大的巨蟹，闪烁着橘黄色的光泽，鱼贩们喊着统一的号子，把粉红色的三文鱼抛向空中，绿色的康乃馨夹杂在簇簇鲜花中，通心粉形态各异，世界上第一家星巴克飘出悠悠咖啡香……

接着巴布奶奶带我们去爱尔兰糕点店，向她去世的爱尔兰丈夫约翰爷爷致敬。我暗暗感慨巴布奶奶感情真挚，把浓浓爱意融入到日常的一衣一食中。

在胡利花园及玻璃艺术馆，我们被海洋主题的玻璃艺术品深深震撼——大片玻璃海藻，在漆黑的展厅中荡漾着柔和、素净的蓝白光芒，歪歪斜斜、纵横交错地交织在一起，汇成灵动柔美的海底世界。我最喜欢一只小木舟，里面装着大小不一色彩斑斓的玻璃装饰品，如童话般奇幻美好。

西雅图是个风情万种的城市。我特别喜欢家家户户阳台垂下来的盆栽，这种美丽是为行人准备的。每个人都为别人准备美丽，那每个人就可以享受美丽。保拉奶奶指着街边随处可见的奔驰Smart车说，美国西部的城市鼓励绿色出行，所以租用政府补贴的环保节能车可免费充电，还可异地还车。

晚上八点半，保拉奶奶带我们去怀旧餐厅吃饭，墙壁上悬满手风琴和各式收音机，厕所里挂着形态各异的开瓶器。三文鱼和炸奶酪特别好吃，本来我最讨厌奶酪，但这里的奶酪一点不腻，酸酸甜甜别有风味。

最后一站是太空针。这个塔形建筑高几百米，下大上小，顶部是鸟瞰西雅图的圆盘观景台。排队需几十分钟，坐电梯到塔顶。塔顶比想象中冷得多，不过夜景真美，在塔沿边向下望，是纵横交错的街道，流光溢彩的夜色，染红了寂静的海湾。形状各异的建筑物耸立在清明的月光下，巨大的摩天轮划过平静的水面，溅起雪白的浪花。保拉奶奶握着我的手，指给我看一条车流最繁华的路，她说这是I-5公路——贯穿加拿大、美国和墨西哥的大动脉，希望有一天我们可以穿行。

躺在旅馆温暖的床上，最后看一眼太空针直指黑夜苍穹的塔尖，轻轻合上双眼。晚安，西雅图！

美梦还没消散，酋长就叫醒我们，往市中心的先锋广场而去，那里聚集着西雅图所有无家可归的人，也是这个城市"地下之旅"的起点。

西雅图建于1869年，只有150年的历史，因是波音飞机的故乡且有临海城市典型的海洋性气候，被称为"飞机城"和"雨城"。开拓者为表示对原住民的尊重，以酋长的名字为城市命名，即"西雅图"。火灾烧毁旧城，在废墟之上修建了现在这座城市。

走进地下旧城，仿佛回到20世纪，四周比较暗，但仍有自然光，聪明的人们从街面铺设的紫玻璃砖采光。地下城市保持一百年前的原样——铺满灰尘遍布裂缝和青苔的砖墙，为支撑天花板而建的木方柱，纵横交错于墙上的旧水管，锈迹斑斑的旧抽水马桶，点缀着橘黄铁锈和碧绿青苔的发动机……一成不变的灰色调，渲染得空气中都荡漾着一丝淡淡的神秘和哀伤，带着所有人的灵魂向这座永远沉睡的城市致敬。

纪念品商店有很多老式打字机和发动机等，还有一本书叫《利益的儿子》，因是禁书反而成为图书馆被偷最多的书，很有意思。

参观完地下旧城后，奶奶带我们到太平洋边，那里是开往阿拉斯加的邮轮出发地。美国的海很漂亮，没有大量游客，没有被游客踏平的海滩，没有飘满垃圾的污泥浊水。我很自然地哼起《小螺号》，欢快的节奏融入晴朗的天空中。海鸥翩翩起舞，正"优雅"地啄旁边人的手，使得薯条掉进海里，接着它"优雅"地一头栽进海里，然后"优雅"地拍打着翅膀，为了几根薯条争得死去活来……

由于时间紧迫，我们没有继续溜达，而是与两位奶奶告别，直接去了火车站，感谢她们给我们的美国之旅提供了最美的开场白。

下一站是许多美国人心目中最美的冰川国家公园，已有不少人提醒我这一路绝对不能睡觉，因为我们即将迎来全美最瑰丽的风光。

坐火车穿越美国

西冰川站有惊无险

下午三点，巴布和保拉送我们到中央车站。站内人不多，干净整洁，十分安静。我很激动，服务美国人民一百多年的美铁，接下来的一个月，将载着我们环游广袤的美国。亲爱的保拉送给我们价值1700美元的火车通票，可在一个月内上下12次，不限目的地。通过这种独特的方式，她把美国交给我们。

美国长途火车很舒适，上下两层，座位相当宽大，放倒成50度后，脚踏抬起就变成了颇为舒适的床。其中有一节玻璃车厢，360度观景。车上可充电，有些线路提供免费WiFi。但坐火车旅游也有不便：一是通票持有者须凭票号拨打1800预订座位，对于语言不通者相当困难；二是美国火车票价格起伏大，越早预订越便宜，临近买很贵；三是即使持通票，也须早预订，保拉前期工作做得非常到位，我们前四段火车坐得舒服；后因我懒得计划，临时预订时想去的线路已售罄，被迫加钱选了计划之外的路线；四是美铁不守时。接下来的一个月，我们在火车上待了200个小时，横穿美国两次。

乘坐"帝国缔造者号"，我们的目的地是"长空之乡"蒙大拿州的冰川国家公园。

朋友们叮嘱我，从西雅图到西冰川，不能睡觉，风景很美；离开冰川国家公园，进入广袤的中部后，我提醒道："女孩们，使劲睡吧，因为你们此时身处一无所有的荒野"！怀揣着对美景的期待，我们出发了。"长青州"华盛顿州名不虚传，铁轨沿线处处森林湖泊，有阳光时如蓝宝石一般熠熠生辉，在清晨傍晚的雾霭下又仙气缭绕。我困得眼睛都睁不开，就用手指拨开眼皮，强打精神不错过窗外移动的画卷，暮色降临，车外是清澈的夜空和历历可数的星星。

这一段车程只有16个小时。我不习惯半躺着睡觉，脖子难受。怕坐过站，我一早目不转睛地看外面的站牌。准时到达西冰川公园站，小站遗世独立，孤单冷清。没有显示牌，没有广播，据说这个小站只停留两分钟。我们仨早早准备好行李，等在火车第一层的门边。一直没人开门，而列车已经开动。我急了，让孩子们守着行李，飞奔上二楼找列车员。车上乘客全民总动员，口口相传把情况报告给列车长。列车缓缓停下。原来，美国火车是先来先坐，列车员会尽量把目的地相同的乘客安排在同一节车厢，便于上下车。我们上车时走错了车厢，下车时，列车员开的是另一节车厢的门。

第一站惊险万分呀！我们仨狼狈不堪地从车上滚下来，站在荒野小站，茫然四顾。车站附近只有一辆车，一个穿着国家公园制服的中年男子站在旁边。原来他就是保拉请来接我们的司机杰夫。杰夫长相严肃，蒙大拿口音难懂，让人有点害怕。孰不知，他其实是我们的守护天使。

守护心灵的回忆

在阳光明媚、鲜花盛开的湖畔仙境，我们享受自助早餐。这些天赶路，没机会吃水果蔬菜，看到新鲜清凉的果肉和焦香肥美的培根，我们仨馋虫大动。

饱餐后我们去湖边散步。湖水在阳光的照耀下，像巨大的蓝色水晶，晶莹明亮，深而见底，剔透得和几千年前的状态一模一样。我们在原始森林里漫步，坐在湖边枯木上，脚浸进寒冰般的湖水里，去林中木屋图书馆看书。要是能在这精灵般的森林湖畔长住下来，那该有多美好！静静地看书、散步、烤火，听陌生的旅客弹琴，守望逐渐消失的冰川雪山，邂逅大羚羊。我太喜欢这个地方了！

下午两点，保拉预订的红色敞篷巴士来接我们。未来六个小时，我们将乘车欣赏国家公园的精华。这座全美生态最脆弱的冰川国家公园属于蒙大拿州西北落基山，位于美国和加拿大交界处，被称作"落基山脉上的皇冠"。全球变暖，过去40年冰川已减少25座，预计2030年所有冰川将彻底消失。

公园温度适宜，风景优美，阳光灿烂，道路平坦，司机兼讲解员低沉的嗓音，我们疲惫不堪的身体，所有条件累加，我们仨三天没睡好觉体力值接近于零的外国人不可遏制地酣睡，梦中口水流了一地。

醒来时，已到半山腰。奇峰峻岭白雪皑皑，幽谷深渊苍松莽莽。蜿蜒而下的瀑布像雪白的流苏，轻轻地流淌，慢慢地荡漾，像一首舒缓的老歌，让每一条神经松弛。蓝得深邃的湖水张开怀抱，默默等待冰雪的洗礼。这是"冰川皇冠"中央那颗最美的蓝宝石。湖面蒲公英轻轻飘落，在微波中荡漾……突然，一群包着花头巾戴着墨镜骑着哈雷摩托的嬉皮士老人，如梦骑士一般呼啸而过……

晚上，严肃的杰夫花了一个小时时间帮我打电话预订后面的火车座位。他话很少，但认真地帮我们做和他工作没有一毛钱关系的事。在美国，这样的感动每天都在发生。

为搭乘早上的火车，我们必须早起。在前台退房时，被告知火车晚点。我们立马躺下睡回笼觉，直到被尖利的电话铃声吵醒："女孩们快起来，火车提前到了！"我们从床上跳起，披头散发，拖着巨大的行李箱跟跟跄跄地奔跑。稳重的杰夫一言不发，快速把行李搬进车厢，一路狂飙，冲进月台，松了一口气："女孩们，我的任务完成了，火车还有四分钟到站！"杰夫的速度与激情为我们争取到了这宝贵的四分钟，否则要再等一天。寡言的杰夫叔叔是我们的守护天使，他一直用行动默默关照着我们三个初到美国的女孩。

小站只有三位乘客候车，小伙子丹尼告诉杰夫："我会继续照顾三个女孩，直到她们平安到达芝加哥。"另外一对老夫妇也点头说："我们的眼睛也会看着女孩们。"我们紧紧拥抱杰夫，挥了很久的手。再见，亲爱的守护天使！再见，世外桃源般的冰川国家公园！

巧克力妹妹：穿越美国赴家宴

今天我们开始新征程，用30个小时，穿越美国西北和中部，前往芝加哥。这一路，也许在美国人眼中十分无聊，但对于生活在中国城市的孩子，这种景色第一次见：无垠的草原直通天边，泛黄的草叶轻轻摇摆，草须和蒲公英漫天飞舞。牛羊轻轻摇摆尾巴，圆柱形的草垛星罗棋布地散布在草原的每一个角落。接下来，就是不断重复循环。

因为我们的火车通票是座席，我就趴在小桌板上睡觉，我一夜辗转反侧，睡得特别糟糕，凌晨五点才勉强入睡。醒来已是中午。我们离开草原，踏上大湖区。窗外遍布大小湖泊，类似芦苇的植物纵横交错在水边，碧绿的枝叶随风摆动，雪白的芦花四散纷飞，柔美奇幻。

妈妈说，美国的长途火车以晚点著称，晚几个小时不在话下。属实。我们的火车不紧不慢地开，不紧不慢地会车，不紧不慢地停车卸客，不紧不慢地晚点六小时到芝加哥，直接导致我们完美错过前往圣路易斯的火车。还好，在许多好心人的帮助下，我们坐上美铁为我们安排的巴士。

几年前我认为，中国人之外都是外国人。现在我知道外国人也有区别——欧洲人非常安静，一个人默默做事，没一丝杂声。美国人恰恰相反，大巴车里所有认识的不认识的人相互聊天，谈笑声一片，到凌晨也不停歇。

凌晨三点，终于到了圣路易斯火车站。我们找个角落钻进睡袋，奇迹般的睡着了，是因为好久没舒展四肢睡觉的缘故吧！

臭名昭著的美铁和可爱的美国人

我们的火车旅行穿越九个州，看到碧绿湛蓝的森林湖泊，广袤无垠的玉米地，干涸乏味的高寒沙漠，雄伟突兀的山地坚石。

几经辗转，我们凌晨三点到达圣路易斯火车站，铺上地垫，钻进睡袋，一会儿就睡得鼻息沉沉。火车站本不许打地铺睡觉，保安看我们三个瘦小女孩，还为我们站岗放哨，直到天亮才把睡得昏天暗地的我们仨唤醒依法驱逐。

五个小时后，下一班火车把我们带到停留时间为一分钟的小站李萨米特。车站很简单，一栋小房子，三两根长凳，中间围着小喷泉，干净整洁，在正午的阳光下显得燥热迷人。

豆豆在长椅上睡觉看行李，我带着巧克力妹妹寻找食物。在当地人的指点下，我们找到一家墨西哥餐厅，有好吃的鸡肉卷，和当地炎热干燥的气候很搭。饭后，我们在阴凉处的长凳上睡觉，醒来看大胡子比尔·布莱森的书，这是我心目中典型的中部小镇。

保拉的弟弟凯文姗姗来迟，但一出现就带来温暖的家庭氛围。他在机场租了辆11座的车，让我们每个女孩睡一排。未来三天，无论去哪里，我们都坐凯文的车。他话不多，但体贴幽默。

美国真的很大很大，开车动辄好几个小时。凯文开了半天车，来到家庭聚会的湖畔度假村。保拉预订了十几栋木屋供宾客居住，吃饭聚会则在最大的一栋主木屋。

巧克力妹妹：比尔爷爷的生日

我们千里迢迢赶来，只为参加比尔爷爷的八十大寿。他所有的子孙、亲朋好友，纷纷从世界各地赶来祝寿。比尔是保拉奶奶的爸爸，但美国人不讲辈分，他让我们叫他比尔。

我们住的木屋群，背靠山林，面朝湖水，颇有几分诗意。刚下车，很多人拥到车前，连轴转似的向我们介绍自己的名字身份来自何方……木屋里已经到了的人和不断抵达的人大约有五六十人，都是比尔爷爷的子孙后代。我很快就记不得大家的名字了。

与中国的家宴不同，晚餐是外面买的沙拉、面包和自制的烤火腿肠，完全自助自由搭配。

小木屋外，星辰闪烁，月光皎洁，晚风拂面，鸟鸣蝉叫。湖水在月光下泛着微波，松鼠玲珑小巧的身影，在杂草丛中跳跃。草木树叶之间，星星点点柔和的光时隐时现，那是萤火虫。保拉奶奶唯一的孙女维罗尼卡在铺满月光的草地上蹦跳，挥舞着白白胖胖的小手捉萤火虫，海水般碧蓝的眼睛闪烁着小鸡崽般活泼稚嫩的光芒，蓬松海浪般自然卷发迎着晚风轻轻飘扬。

回到我们仨独立的小木屋，悄然入睡。

第二天一早的第一件事，先拍家庭照。大家穿上保拉奶奶规定的白上衣黑下装。妈妈穿着白色连衣裙；豆豆姐的裙子是黑白相间的；而我则恰好穿着鲜艳的彩虹裙，引来一群高大老外好奇的目光。呜呜，真正的鸡立鹤群！

一群人开车20分钟到奥沙克大学。大学对外开放，草坪上松柏常青，小桥流水，环境非常好，还有复古的路灯，大理石凳，一蓬蓬的喷泉，很适合拍照。我原以为只是拍个全家福，没想到拍照组合如此多：单人照，家庭照，兄弟姐妹照，大合照，个人特写，多人独特造型照，鬼脸照……就这样，每种照片每组人拍几张，加上整队和摆造型，拍了一上午。

自助午餐时，墙上大屏幕一直播放保拉奶奶和克里斯爷爷精心制作的幻灯片。一张张图片一段段文字讲述着比尔爷爷的成长历程：童年、青春、中年、老年、子孙满堂……看着一位八旬老人被他爱的人和爱他的人簇拥着，重温一生，露出淡淡微笑，这样的情景令人动容。

接下来是游戏时间。所有人分成四组。屏幕上显示各种关于比尔爷爷的问题：家庭、童年、事业、糖尿病……问题价钱不一，100美元到500美元不等，越贵越难。每组选手轮流选题，比的是对比尔爷爷的熟悉程度。毫无疑问，我们三个外国人再次打酱油。看不懂英语问题，不知如何回答，但我能感觉到餐厅气氛欢快和谐，有家的味道。遍布世界各地的孩子团聚在一起，就是给比尔爷爷最美好的礼物。

难忘的家庭聚会

保拉说，这样的家庭聚会二十年一遇。她家人曾质疑，我们来美国旅行，远道赶来参加聚会花去六天，是否值得？保拉回忆她在中国一年的经历，最美好的记忆居然不是长城大江，而是和我的家人朋友在一起度过的时光。风景名胜随时可以再看，而真实的传统聚会，难得有机会亲身体验。

她的决定是正确的，这次聚会给我们留下了极其深刻美好的印象，我甚至决定翻译保拉爸爸的传记。

在中国，老人大寿多由孩子一手操持，出钱出力。这次家庭聚会，却是老寿星出钱，寿星的年轻夫人组织，女儿保拉主持。

美国人请客相当轻松：出去吃；或在家烤一堆热狗，买足够的面包，拌两大盆沙拉，准备碳酸饮料和一次性餐具。吃不是重点，相聚才是目的。派对结束后，客人把自己的剩菜带回去，主人无需为剩余食物操心。

在小木屋美美睡一大觉后，早起和大家一起去奥沙克大学拍家庭照。之后，我去大学校史馆溜达。这所大学是美国为数不多的全免费教会大学之一，建立初衷是为附近穷孩子提供高等教育。校园餐厅干净漂亮，美味食物全是学生亲自种植加工。学生用劳动支付学费。美国前第一夫人劳拉·布什曾来学校访问，为之题名勤劳大学。

我们遇到一个中国男孩，18岁，高中刚毕业。他没参加高考，直接来这里念大学。他姑妈是学校的老师，在姑妈的帮助下，男孩作出了不一样的选择。他骄傲地告诉我，他的工种（餐厅服务员）好，不但可赚足学费，还有小费可存。豆豆很羡慕，都是同龄人，人家已开始自食其力，勤工俭学。这边中国人少，男孩见到我们无比开心，一有机会就帮我们端饮料。我看着瘦瘦小小的他，心中既感动又疼爱。走出去，比我们想象中容易。我拍拍巧克力妹妹的脑袋，很是高兴，又多了一种可能性。

令人感动的堪萨斯城

我们在布兰森湖畔木屋的日子非常安逸：安静舒适的睡眠环境，友好真诚又充满不同文化背景的朋友，食物不算丰盛但健康有营养。

四天时间转眼即逝，我们再次上路。

凯文送我们去堪萨斯城。保拉定的这家酒店是本次美国之行中最便宜的，加税不到100美元。我想在明天上火车前买一些水果和牛奶，巧克力妹妹不喜欢逛超市，想先回酒店做作业。丹尼斯用手机导航，在城里转了几圈，只找到规模很小的便利店。她坚持要载我们去真正的超市，最终在城外高档社区找到了。

凯文和丹尼斯开着租来的车送我们回酒店，然后去机场还车，飞回俄勒冈。看着几天来默默照顾我们的朋友，我眼中一热，泪水不禁夺眶而出。素昧平生，却毫不吝啬地和我们分享时间、空间和亲情。丹尼斯也流下眼泪，把我拥入她温暖宽厚的怀中。

这一次美国之行，最打动我的不是美景，而是这些平凡真实的人。他们对陌生朋友毫不设防的接受和没心没肺的乐观精神，让我再一次迷上这片人与人距离很近的土地。

迷人的国际大都市

 在芝加哥马不停蹄

傍晚时分，我们来到芝加哥。去过美国许多城市，芝加哥是我的最爱之一。它不像音乐剧《芝加哥》里那般纸醉金迷性感撩人，而是富有浓郁艺术气息。一抹斜阳下，密歇根湖如蓝色美钻，目光所及，妙不可言。

在车站，黑人大叔热情指点我们买一日通票，然后要求送他三美元。我和豆豆面面相觑，这是第一次被索取小费。四下看没警察，贪生怕死的我们怕惹麻烦，就给了他。回想当时情景，如果不给应该也没问题，毕竟站里人不少，而且他使用的是请求语气，与其说打劫不如说乞讨。

芝加哥很小，大多地方在步行范围内。公交车上有摇铃，到站打铃，司机停车。初来乍到，嘴是江湖脚是路。被问的人很友好，停下脚步掏出手机搜精确到分钟的公交车到站信息告诉我们。在车上，我们向黑人老太太问路，她非常耐心地解答。她的一群孙子中有一个小姑娘催她下车，奶奶责备小姑娘："你难道看不见我正在帮助这位女士吗？"老太太自己也是游客，带着一大帮孩子来芝加哥游玩。

芝加哥的酒店是保拉安排的，后面的路就得我们自己走了。酒店位置非常好，位于大回圈金融中心，对面是奥巴马发表就职演说的格兰特公园。密歇根湖、千禧年公园和全美排名第二的芝加哥美术馆都能走路到达。穿过格兰特公园，沿湖滨步道行走。密歇根湖和密西西比河在这里交汇，形成大湖区一望无

际的水。芝加哥人健身习惯特别好：跑步、自行车、帆船、快艇、站立式双轮摩托……随处可见。

 ## 巧克力妹妹：闪耀艺术光芒的芝加哥

尽管芝加哥不大，我们在一天内逛遍，还是找到很多亮点。

这是一座充满艺术气息的城市，漫步大街感受格外强烈。路边花坛是人脸形状，花纹各异，还有保护环境的提示语。街边是哥伦比亚大学芝加哥分校音乐学院，行人可隔着玻璃幕墙欣赏学生唱歌、弹吉他和打架子鼓。

我们原打算去看美国最高建筑西尔斯大厦，误打误撞穿过格兰特公园，来到密歇根湖边的湖畔步道。步道左边是如茵的绿草树林，白鸽栖在低矮繁密的枝头；松鼠攀上粗壮古老的枝干，在细碎的绿叶之中跳跃；各种各样的艺术品散落在草丛中，在阳光下闪闪发光。右边是碧蓝的密歇根湖，浩瀚的湖水接着天边，雪白的帆船在微风中轻轻摇晃，半米长的大鱼在十几米深的湖水里懒懒地游动，如同梦幻仙境。

沿湖畔一路走，经过大桥来到海军码头儿童博物馆。博物馆旁有一家餐厅。一位老爷爷正在吃的鲜虾米饭馋得妈妈直流口水，上前询问味道如何。老爷爷很有爱地让服务员拿来盘子，分半盘给我们品尝。鲜美酸辣，太好吃了！我们立刻坐下吃鲜虾大餐。

接下来我们去芝加哥美术馆，里面陈列着不少举世无双的画作，毕加索、梵高这等名家之作都不算镇馆之宝，可见博物馆整体水平之高。

时间仓促，尽管我们抓紧再抓紧，也只看到十分之一。

千禧年公园有大型雕塑云门，俗称"豆子"，是一个几百吨重的不锈钢球，形似倒扣的咖啡豆，里面倒映着整个芝加哥天际线。

云门旁的露天草坪上正举行免费音乐会，观众特别多，在草坪上或坐或躺，野餐垫上摆放着诱人的美酒果肉。我们应一位芝加哥女孩邀请，坐在她的地垫上，听她介绍乐队的作品。她说夏季这里每周有两到三次音乐会，她脸上明显写着作为芝加哥人的骄傲和幸福。妈妈深表羡慕，说这样的音乐会在重庆大剧院最高票价要达到1980元，在芝加哥居然免费。

我们不辞辛苦重回美术馆对面，寻找妈妈特别向往的66号公路的起点。这条公路贯穿美国，妈妈说它代表了一种公路精神——不畏惧风雨雷电，不畏惧孤独寂寞，默默探索的开拓者精神。

纽约！纽约！

来过两次纽约，但脑中仅存在普林斯顿大学念书的高中同学欧阳请吃的那盘麻辣软壳蟹！

这次带着两个小朋友，我必须对抗惰性，认真用脚丈量这里的土地。

踏上纽约，我们立刻被40℃的热浪袭击。地铁老旧没空调，我们瞬间汗如雨下。巧克力妹妹守着行李，我和豆豆在自动售票机上买乘车卡。第一次用信用卡，我俩急得一头汗水，幸亏一位在纽约生活的意大利爷爷帮忙。他怕我们找不到路，冒着高温，转三次地铁，在路面上走20分钟，送我们到酒店对面。爷爷说："好了，女孩们，我完成了自己该做的事！晚安，宝贝们！"巧克力妹妹说她觉得爷爷头上有光环，我和豆豆使劲点头。我们都相信守护天使再次现身。

在纽约众多博物馆的光辉下，巧克力妹妹第一次规划未来人生。她想到博物馆工作，用人类文明遗产去教育更多人。她实在太喜欢纽约的博物馆了，全世界排名第一的大都会博物馆，收藏《星空》的现代艺术博物馆，古根海姆博物馆，自然历史博物馆……

我最喜欢的地方之一是中央公园。租辆自行车，觅约翰·列侬的《永远的草莓地》。一个圆圈中刻着那首经典的《想象》。一个人死了三十多年，他的歌还在全世界被传唱，每天有络绎不绝的人来到这块小小的草莓地，追忆曾经的激情和梦想。我盘膝坐在路边，听嬉皮士弹吉他唱乐队当年的歌，然后和巧克力妹妹牵手离去。

保拉极力推荐我们去百老汇看音乐剧《魔法坏女巫》。最便宜的票141美元，座位很好，在第一层中央。如果有时间，如果身上多带些钱，我一定每晚都看百老汇的歌剧。

来纽约当然不能错过去游览纽约的大学，提起纽约的大学，首屈三指：哥伦比亚大学，普林斯顿大学和纽约大学。纽约大学艺术系口碑好，我们四处寻找。临走那天，才发现我们一直住在联合广场纽约大学的建筑群中。原来纽约大学没有围墙。我们一直寻找的拥有百年历史的42街–中央车站，其实我们仨每天去时代广场换乘地铁都身处其中。

巧克力妹妹：当自由照耀世界

昨天深夜，小玲阿姨和刘笑言飞到纽约和我们会合。

手机没法打国际长途，连日来依靠时断时续的微弱网络支持QQ和微信，与中国保持若有若无的联系。今天，妈妈们和豆豆姐的不满指数达到顶峰，直奔唐人街买电话卡。

纽约唐人街，有点脏有点臭但是熙熙攘攘。

我们去传说中的正宗川菜馆"老正川"。不负众望，夫妻肺片鲜香麻辣，鱼香肉丝酸甜可口，清炒菠菜鲜嫩多汁，回锅肉分量惊人，丝瓜鸡丝汤鲜美诱人。啃了十几天汉堡包后，这顿家乡菜吃得我们热泪盈眶。

饭后，我们想去看看自由女神像。

豆豆姐接到家里的紧急电话，立刻改签机票回国准备考雅思。妈妈已觐见过女神两次，不想再花钱买船票。于是小玲阿姨领我们两个孩子坐船上岛。

自由女神像是法国送给美国的礼物。当时法国奴隶制度盛行，被剥夺自由的法国人民捐钱建自由女神像，向当时的政府呐喊：我们渴望自由！我们渴望成为自由的美国人！自由女神像竖立在美国后不久，就有各国人涌入美国。从此，自由女神像成为自由解放的象征。

仰望自由女神像，她背对法国，面朝美洲大陆，隐隐可见长袍外的脚上戴着铁索，但铁索无法束缚她无尽的威严。女神左手高举火把，右手怀抱《自由宣言》，无声抗议迂腐的奴隶制。尽管女神现在周身青绿，但我知道原本的她是金黄色，像天边升起的第一缕霞光；尽管现在女神手中的火把是镀金的，但我知道那里原本跳跃着真实的属于自由的火焰。所以，她还有一个美丽的名字：自由照耀世界。

感动归感动，实际上小岛上又热又晒。我突然明白了妈妈为什么宁愿在炮台公园树荫下的长椅上睡大觉。因为没有提前在网上预订，我们仨无法登上女神像。绕像转悠一圈，乘船回去。

看完女神像，我们去旁边的华尔街。华尔街是世界金融中心，控制着全球经济命脉。那些深奥的金融学我弄不懂，但华尔街大名鼎鼎的金牛还是得摸一摸。令我们震撼的是，刚才还大雨瓢泼，雨停不到一分钟，金牛旁又围了上百人，连牛屁股下都挤满了拍照的人。

妈妈带我们去世贸大厦遗址。"9·11"事件后，两栋直入青云的高楼被夷为平地，只留下保护起来的废墟灰烬，成为安抚遇难者激励幸存者的纪念碑。

最后我们租自行车，骑进了中央公园。

中央公园生态环境特别好，有绿茵茵的大片草地和丛生的树木。大家随意在草坪上行走打滚。妈妈说，美国的草地就是用来践踏的，她没开玩笑，因为当地人都在草坪上随意走动、骑车和打滚。

巧克力妹妹：再见纽约

火车慢慢启动，最后看一眼纽约——七天的相处，这是一座怎样的城市？它是热闹的、繁华的，整条街道都是灯红酒绿；它是古典的、雅致的，高高矮矮的教堂鳞次栉比；它是渊博的、非凡的，顶级博物馆林立……我认为纽约是一个包容的城市。因为包容，它可以接纳来自世界各地的人；因为包容，它可以接受各种各样的美；因为包容，它在每个时代每个人心中都是永远的时尚之都。

纽约距离华盛顿不远，四小时车程，当天就能到。华盛顿和我想象的完全不一样，街上的人很少，很冷清，和挤满了人的北京简直天壤之别。

我们在酒店卸下行李，轻装出行。华盛顿的天气很是凉爽，漫步在街上飘飘欲仙，短袖、短裤，温度正适宜。悠闲踱步到华盛顿纪念碑——华盛顿最高的建筑物。其实所谓"最高"，并不是因为它特别高，而是首都其他的建筑物都比较矮，为表达对美国首任总统的尊重，华盛顿纪念碑被作为最高建筑一直伫立在首都。

在纪念碑的草地上拍照、玩耍、闲聊一会儿，已近夜晚。我们回酒店养精蓄锐，明天继续探索。

首都，我们为什么而来？

我很钦佩朋友小玲，几乎不会英语的她，曾只身远赴非洲工作两年；成为朋友后我们一起携子走天涯，只需一个地址，万水千山，这个瘦弱精干的女子总能如约而至。

小玲此行只为看博物馆。华盛顿聚集着美国人高度浪漫主义精神的产物——世界上最大的博物馆群美国国立博物馆，19座顶级博物馆和美术馆。尽管经济不景气，有的博物馆因经费问题长期关闭，但美国国立博物馆的组织者依然咬紧牙关，保持"既然博物馆展品来自免费捐赠，就必须免费教育公众"的政策。

刘笑言想看国际间谍博物馆和白宫。在华盛顿的最后一个晚上，我们躺在草坪上看天上七彩云霞，一侧头看见一个小牌子上写着，欢迎分享总统的草坪。草坪的尽头，就是历代美国总统生活和办公的白宫。我们一直身处其中，却并未察觉。

巧克力妹妹想来看首都。典雅端庄的华盛顿没让她失望：安静、有序、美丽。在这里，她看到有生以来最美的火烧云，深深感慨天工和人工如此完美结合在一起。

我爱任何一个地方，都出于对人的念想。爱尔兰妈妈莎拉没生育过孩子，踏实寡言，用老师爱学生的方式爱我。为让我体验不同文化，她带我从太平洋飞到大西洋，走遍华盛顿的每一角落。美国爸爸弗雷德交给她一个任务，带我去阿灵顿国家公墓——作为海军陆战队的军官，他和妻子将长眠于此。弗雷德笑呵呵地说这番话，充满自豪感。届时他的身体会被国旗包裹，有仪仗马队鸣号打鼓环绕公墓一圈，以国葬安之。这次带巧克力妹妹来看我的美国爸爸妈妈百年之后的栖息地——也是肯尼迪家族、"挑战者号"航天飞行死难者和众多无名战士长眠的地方。

通过美铁第一次订房时，我怯生生地说，我是外国人，在美国独立旅行，对一切没把握。和善的接线员十分耐心，以最优惠的价格帮我预订下希尔顿旗下四星酒店华盛顿特区市中心万丽酒店。酒店位置很好，到任何地方都能以步行距离到达，早餐丰盛得让我们内疚，门房大叔很体贴，生怕我们迷路，特意送出门，准确指明车站位置……

在国家档案馆巨大的门前，小玲，笑言，巧克力妹妹和我，静静地坐在美国的心脏上，每个人有不同的感觉。这次美国之行，让我们更加坚信世界的美好多元，人与人之间可以消除防备心，有差异的文化很迷人。我们想继续走下去，进一步探索这个令我们惊奇和着迷的世界。

巧克力妹妹：坐电车游华盛顿

这是繁忙的一天。我们坐电车游市中心——林肯纪念堂，中央火车站，国家档案馆，樱花大道，二战纪念堂，国会山，越战纪念碑等。

目标是阿灵顿国家公墓。那里是纪念和埋葬死去士兵、将领和国家领导人的地方。级别较高的将领可由马车拖行棺木，并由士兵鸣乐埋葬。同时，战争中为国捐躯的无名战士也埋葬于此。

公墓特别壮观，漫山遍野雪白整齐的墓碑和清一色的平整绿草，自然而然又庄严肃穆。没有人大声喧哗，而是用宁静和谐的气氛向每一个逝去的生命致敬。

我们看见肯尼迪总统的墓地——很惊讶，一国之君的陵墓居然那么简单朴素，仅一块矮矮石碑，几枝干花，很令我感动——我坚信，真正纯洁伟大的灵魂，不需要华丽的修饰。

我们还看了海军陆战队的雕像。途中遇到国家仪仗队向无名者之墓的烈士致敬。我们居然有幸看到一次国葬！马车拉着裹着国旗的灵柩，我们每个人都摘下帽子行注目礼，直到马车走过。

在国家档案馆，我们如愿以偿看到《独立宣言》。宣言很长，用鹅毛笔写在牛皮纸上。尽管看不懂，但纸上流畅的笔迹连绵回绕，气势奔放，在庄严的大厅中显得格外灵动洒脱，向每位观众展示它不可束缚的自由。

晚餐时我们去了唐人街的川菜馆，无比幸福地舀一大勺辣椒……

妈妈问："你觉得华盛顿是一个怎样的城市呢？"

我想华盛顿是一个丰富多彩的城市，博物馆多得数不清，展出的都是世界闻名的珍品，这是它的人文；这里环境很好，凉爽的天气，美妙的黄昏日落是明证，这是它的自然；尽管美国历史不长，但每一个历史足迹都在首都浮现，这是它的历史。

波士顿，追逐惊喜

从华盛顿到波士顿，一路向北八小时火车车程。

波士顿，革命名城，文化之都，哈佛大学、麻省理工学院所在地，学生夏令营的必走路线。在这里我们邂逅了大大的惊喜。

第一次用信用卡预订酒店，我们选了四人间的汽车旅馆。搭地铁来到最后一站即城市尽头时，我们明白了《资本论》的市场杠杆原理。这家酒店实在太偏！一出地铁站，我们就迷失在茫茫黑夜中。守护天使再次降临——一对陌生的老夫妇主动开车送我们穿过无边无际的黑暗，找到明亮温暖的临时家园——好吧，其实只有一分钟的车程。这样的经历很有趣！为向可爱的老人表达谢意，我们在后座留下人民币作为纪念！

　　我在波士顿的大学同学一直强调波士顿龙虾好，我们决定一试。问警察，如果在波士顿只能吃一顿，一定要去哪家餐厅？警察斩钉截铁地说："合法海鲜餐厅！"这家餐厅我听说过，广告语叫"如果食材不新鲜，就不合法"。我们本来雄心勃勃要走完革命名城的"自由之路"，结果才走了两三英里就去吃龙虾了。在美国吃龙虾，很便宜！人民币一两百元就可以吃一磅半的大龙虾。我们每人先点一大盘海鲜拼盘，含一只半磅的龙虾和成堆的贝类蚝类，蘸着黄油，新鲜肥美极了。意犹未尽，又点了大龙虾。等了40分钟，经理抱歉地告诉我们："女士们，很抱歉让你们久等。谢谢你们的耐心和忠诚，这顿饭我们餐厅请！"我们感动得不知道该如何是好，抽出百元大钞支付小费。我们不能滥用他人的善意。后来在水族馆，我们了解到龙虾从宝宝长到一磅，需要七年时间。我非常内疚，决定从此不再为口腹之欲主动点杀龙虾。生命不易，相互尊重。

　　就餐时，我瞅到海上有几艘观鲸船。问孩子们要不要去看鲸鱼，他们欢呼雀跃。我们以为海上有一个饲养鲸鱼的水族馆，结果不是的。我们坐船航行一个半小时到大西洋深处，去寻找鲸鱼。能否看到全凭运气。那天下午，出海时天蓝云白，在海上却遭遇变幻莫测的气流，船瞬间被浓雾包围，可视距离不到五米。我们冻得瑟瑟发抖，晕得翻江倒海，什么都没看见。我和巧克力妹妹冻得反胃恶心，有些懊恼。下船时，观鲸公司的员工满脸微笑地送我们四张没有截止日期的票。他们解释："你们花40美元看鲸鱼，这是不少的钱哟！我们无法保证今天能看到，但我们保证你们可以随时回来，看到鲸鱼为止！"我们感动得不知如何是好。诚信，让我们对波士顿产生了异样的感情。

　　第二天我们真回来了，员工们热情接待，一路详细介绍大西洋海域的生态环境，让我们触摸鲸鱼的牙齿，呼吁大家关爱这些巨大无害的生灵。这一次，我们看到鲸鱼了。美丽的讲解员对这一带的鲸鱼了如指掌，如数家珍，像在介绍自家兄弟姐妹一样，我们再次深深感动。我曾以为经历的事一多，人会变麻木。可真看到一只巨大的座头鲸从海里往外喷水柱翘尾巴时，我激动地情难自已。大自然奇幻的美，永远令人战栗！

去哈佛大学的地铁上，我挨着一位中国妈妈坐。她儿子大学毕业后在波士顿工作，她远渡重洋来陪伴儿子。为尽快适应，她每天去哈佛大学志愿者社区学英语。我用手机拍下了她的教材，很实用，为真正的生活而编。这位妈妈积极乐观热爱生活，让我很受鼓励。

披着并不迷人的历史光环，波士顿却给外来者频频以惊喜。龙虾和观鲸，是美国之行结束后我分享最多的故事。

巧克力妹妹：波士顿名校云集

我们先去哈佛大学。作为美国第一所大学，哈佛大学建校已有300多年历史，比美国历史还要悠久。它是全美最富有的大学，诞生了多位诺贝尔奖得主和八位美国总统。

踏进大学校门，最先看到哈佛大学建校者哈佛先生的铜像。据说，摸哈佛先生的脚，就可以考上哈佛——于是铜像边站满摸脚的人。哈佛先生的脚，已经被世界各地蜂拥而至的人摸成金色。

我们逃离人群，漫步校园中——哈佛大学是教会学校，乍一看，教学楼和图书馆像教堂一般，赏心悦目。校园氛围很好，宁静和谐——这只是校园外围。至于教学区，必须持哈佛证件的师生才能进入。

沿着童话小屋般的住宿区，我们步行去了麻省理工学院。

麻省理工学院号称"世界理工大学之最"，它规模不大，高度精英化，隶属美国的"爱国者联盟"盟校，是不少高科技人才的母校，中国的原子弹之父钱学森、建筑大师贝聿铭和搜狐的创始人张朝阳都是从这里毕业的。

麻省理工学院和哈佛大学不同。它没有哈佛大学那么好的环境，一进校园就是大厅。穿过长长的走廊，从侧门走出，有一片草地，远远看见对面的查尔斯河。我们四个人坐在阶梯上，大家惊讶地在手机上发现了免费WiFi，妈妈笑着说："别忘了我们身处麻省理工，无线网络覆盖整个校区。除了航空航天工程专业是当之无愧的排名世界第一之外，它还有不少其他好专业。不过这里的学生压力也大得惊人，有的学生在跑步机上跑步时都在看书，学校的24小时图书馆长期满座。甚至许多学生凌晨四点半就起床学习。"

对比两所大学，我更喜欢哈佛大学，刘笑言则倾向麻省理工学院。一路上他最爱逛科技类博物馆，喜欢麻省也不足为奇。一来因为我的科学成绩特差，实在没理科气质；二来妈妈常提哈佛，它在我心目中有天神般至高无上的地位。

漫漫轨道向远方

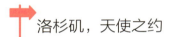 洛杉矶，天使之约

我对学生有很深的情结。他们的存在使教育有了灵性和激情；爱和友谊会延伸，毕业反是友谊的开始。这次我们将用三天三夜再次横穿美国，从大西洋去太平洋，只为在天使之城见一个天使般的女孩——我以前的英语科代表。

我还记得单纯的女孩茂菡高三那年的奋斗和忧伤。这次来美国，我想看看她。她独自一人在洛杉矶，一切靠自己，令人怜惜。

乘坐"西南酋长号"，经过尼亚加拉大瀑布，经过科罗拉多大峡谷，经过拉斯维加斯……可惜只是经过，连下车看一看这些声名远扬的景点的机会都没有。我很喜欢横穿美国的那种苍凉壮阔，西部片特有的牛仔英雄气概，看电影《兰戈》吧，就是那样的感觉！车上那群热血澎湃的中部童子军，对我们两个黑发棕眼的外来物种非常好奇，甚至趁我睡觉时偷拍，有个小孩按捺不住好奇心，问我："你为什么不梳大辫子？"我告诉他："老土了吧，那是李小龙电影中清朝男人的打扮。记住，现在的中国女性，是我这样的。"

三天后，我们到达洛杉矶。茂菡对我们说："欢迎来到大农村！"洛杉矶和纽约不同，前者城市即农村，分散而疏离。茂菡要上班，只能请半天假。我们把行李寄存在车站，先坐地铁去环球影城。

环球影视城和其他主题公园差不多，充盈着欢乐的气氛，但刺激指数大于迪士尼乐园，我们玩得更嗨。鬼屋，水世界，侏罗纪公园，变形金刚，木乃伊

归来……尽管排队辛苦，能玩的都玩了。有意思的是，中途美国爸爸打电话问我："你在干什么？怎么一会儿天上，一会儿地下？"他托朋友带给我一部美国手机，没事就定位我，沿途提醒我。这一次，我们正坐着长长的扶梯，在环球影城的上半城和下半城上蹿下跳，位置忽高忽低。

　　茂菡下班来接我们。小女孩长大了，在加州阳光的滋养下，明艳照人。她很能干，有一份薪水不错的工作，住在比弗利山庄，自己很独立地开车上下班，吃健康有营养的素食，锻炼身体，和房东太太家的小朋友们幸福地生活在一起。看到茂菡的状态，我很开心，为她的独立积极感到自豪。

　　小女孩很用心地为我们策划活动——吃能量很低的酸奶冰淇淋，玩室内飞翔，回市区取行李，吃烟熏黑三文鱼，送我们去她早已预订好的酒店。睡梦中，我脑海中浮现出西海岸绵长的海岸线，从墨西哥蜿蜒北上至加拿大，无穷无尽，迤逦多姿。清晨被闹钟闹醒的那一瞬间，我惨叫一声："完蛋了！"我犯了一个致命的错误！那么长的海岸线，火车一天是到不了的——从洛杉矶到温哥华，不是我想象的朝发夕至，而是两天一夜！也就是说，到达温哥华时，美国爸爸的生日派对已结束——而我去美国最重要的目的，就是参加他的80岁生日！

　　茂菡睡眼惺忪地送我们去火车站，拥抱告别。我恋恋不舍地告别美丽的天使之城和可爱的女孩，心中愁云密布，怎么办？怎样面对这个注定被错过的生日派对？

西北太平洋——留在记忆深处的朋友们

　　一到温哥华火车站，就看见唐尼叔叔和琳达阿姨在站台上等我们。一别八年，叔叔已经74岁，阿姨也70岁了。开车40分钟到他们家。中午美国爸爸的生日派对在路易斯公园举行，有一百多人参加，如果我们准时到达，当地报纸新闻里一定会加一条"他们八年前接待过的中国女儿带着孙女，不远万里来看望老人"。可惜迷糊的我居然算错时间！美国妈妈莎拉激动地跑出来拥抱我们。她略显老了一点，体型比我在时大了一号，可依然漂亮。

　　我四下找弗雷德，终于在厨房找到他。因为我没有准时出席派对，他有点生气，本来打定主意不理我。可看见我和巧克力妹妹的瞬间，他立刻忘了生气，把我们紧紧搂在怀里，欢迎两个风尘仆仆的孩子。一路上的烦恼可以抛开了，美国爸爸已经原谅了我们。我又哭又笑，和老朋友们拥抱亲吻。巧克力妹妹云里雾里，突然多出一堆金发碧眼的洋亲戚，她小小的心脏有些承受不来，干脆跑到院子里躲着，过一会儿又狂喜地跑过来："妈，一只小鹿！"我们大家踮着脚走到庭院内，只见精灵般的小鹿从森林中走出来，正在吃院子里的花。

　　今晚我们住美国房东爸爸妈妈家，明天保拉接我们去她家住一周。弗雷德和莎拉为巧克力妹妹准备了一份大礼——开房车去黄石公园露营。

　　看到熟悉的杉树，看到无数次散步的公园，看到那栋绿房子，我心中很激动，仿佛找到了回娘家的感觉。我以前的卧室现在是莎拉的画室，所以今晚我们睡房车。

　　巧克力妹妹兴奋得两眼放光，新鲜东西层出不穷：大狗伯蒂，睡房车，还有真正的手枪。爷爷家的枪太多，各种尺寸型号都有。我问弗雷德，可不可以拿把枪给孙女玩，他立马从抽屉里拿出一把，小丫头爱不释手，把玩一会后失去兴趣。真是吃肉不如喝汤，喝汤不如闻香！

　　莎拉换了干净床单，弗雷德调好冷气，给我们示范如何使用卫生间的龙头和马桶，还贴心地送来矿泉水，一半放冰箱，一半放床头。刚出门，他想起我喜欢呼吸新鲜空气，又折回来把卧室窗户拉开一半。我看着他眉开眼笑地忙里忙外，心中感动，却不可抑制地睡着了。巧克力妹妹说她兴奋得好久都睡不着。她看见窗外松林，树梢头有一轮皎洁的月亮，天空像在西藏看到的那般清澈遥远。太美了，美得她睡不着！当然，她只是说说而已，她的睡眠好得一塌糊涂。

　　清晨，窗外有鸟叫，我爬起来探头一看，是弗雷德在装鸟叫。弗雷德叫巧克力妹妹："早上好！美国小姐！"他叫我中国小姐，怎么巧克力妹妹变成美国小姐？巧克力妹妹一如既往赖床。弗雷德大手一挥，大狗伯蒂温湿的舌头毫不犹豫地舔下去，美国小姐瞬间起床。

巧克力妹妹：疯狂而美好的美国生活

　　一阵灼热的气息扑到我脸上，刮得我双颊生疼，无情地打断了我美妙的梦境。我无比愤怒地睁开眼睛，紧接着一双圆溜溜乌黑的大眼睛闯了进来，然后一个大大的黏乎乎的企图蹭到我脸上的鼻子——啊！我平生第一次被狗唤醒——疯狂的美国呀！

　　早餐很丰盛，美味的土司，清香的果酱，炸得酥脆的火腿、培根，以及我不太喜欢的鸡蛋。

　　餐后我们转移到保拉奶奶家。保拉奶奶家环境特别好，四面是参天的古松杉树，背后是潺潺流过的小溪——饮用水源于这样被森林环绕的井水，检测人员称为"世界上最纯净"的水。

保拉奶奶家的木屋有三层，地下室，一楼（兼做客厅、书房、厨房和卧室），二楼是保拉奶奶儿子们当年的卧室，还有三楼（暂归我和老妈）。保拉奶奶发出圣旨，整栋房子可以随便逛，每天坐在阳台上呼吸着纯净清凉略带松香的空气做作业，耳畔小溪活泼泼奔流，脚边盘绕着土豆藤，乌鸦和蓝色小鸟轻快地飞翔跳跃——这里堪比国家公园里的五星级酒店呀！

圣海伦斯火山行

我们来到位于华盛顿州的圣海伦斯火山，它属于喀斯喀特山脉的年轻火山。圣海伦斯火山最近一次爆发是1980年，磅礴的地热瞬间削去火山三分之一的高度，火山灰吹过太平洋，飘到日本。那次火山爆发还创造了极为独特的火山地貌，是地质学家研究火山爆发后土地重生的重要基地。

我们先看圣海伦斯火山的纪录片，了解火山地貌、历史、地理、风景等。接下来保拉奶奶陪着她极为虚弱的母亲原地休息，我和妈妈则向冷水湖徒步。走在栈道上的感觉很奇妙——身边的每一丝空气都热辣辣，脚下沙地没一点湿度，植物生长每年以毫米计，但眼前的火山山头居然有冰雪覆盖，不得不感叹大自然的巨大威力和鬼斧神工。四周空旷，道路曲折起伏，像非洲大草原。脚下的路通向火山，火山爆发时岩浆大概也沿这条路喷涌而出，只可惜时间仓促没走到火山口附近，也没看到美丽的精灵湖。

太平洋边的小镇

我们还去了两个海滨小镇。作为太平洋边上的热门景点，人实在太少。我梦想着明媚的晴天，金灿灿的沙滩，瓦蓝蓝的海水，人们踩着冲浪板滑过水面，在沙滩上享受日光浴，再来杯冰镇可乐什么的就完美了——像传说中的夏威夷海滩一样。可令人大失所望：天空阴沉沉的没一丝阳光，空气泛凉穿长袖也嫌冷，海滩冻得僵硬泛白，完全没有沙粒柔软微烫的质感，像小孩在瑟瑟寒风中冻得苍白的脸蛋儿。海上雾很大，白蒙蒙遮住遥远的海平线和更加遥远的艳阳，三两块翠绿的巨石伫立在海水中，随时浓时淡的云雾时隐时现，颇有蓬莱仙岛的味道。

大森林里的假期

保拉奶奶带我们去她的森林里徒步。景色十分迷人，每种树木有属于自己的绿，鲜嫩的绿，深沉的绿，活泼的绿……星星点点几簇鲜艳的野花，犹如绿色夜幕中灿烂的繁星。保拉奶奶充分发扬她作为教师的职业精神，细细讲解：这种草有毒，那种草生长特别快，还有那种草早在恐龙时代就有了……一路生态环境好得不得了，不少树木我只在书本中见过。沿途路上有草原狼的粪便，路边树干上有幼鹿摩擦鹿角的痕迹。绕一圈回家时，我们每人拔了一大堆有毒的草。

我们在奶奶屋后的小溪划船、钓鱼。保拉奶奶家有一只充气小艇，可在小溪里漂流——妈妈以为可以狠狠漂流几公里，中午还专门睡觉补充体力，结果发现因浅河滩里的碎石，小艇只能在10米左右的河道来回回漂流。影影绰绰的树木像百叶窗般轻掩滚烫的阳光，清凉的溪水倒映着重重叠叠的树枝和小鸟灵动翻飞的翅膀，婉约好听的小曲儿融入空气中，好闲暇的时光！邻居鲍勃爷爷用无比高超的技艺钓上来两条彩虹鱼，钓鱼过程中不小心鱼钩卡在深水碎石中，我跑进水里解开线，落汤鸡般跑上岸，冻得要死，把老妈和老外震惊坏了。要知道，小溪的水是雪山化水呀！

差点忘了，小狗桑妮失踪，它的主人——邻居芭芭拉哭得声音嘶哑不堪。保拉奶奶动员左邻右舍（偌大的森林，只有两家人毗邻而居）穿好徒步鞋在森林里搜寻。几十分钟苦战后，我们在桥边找到桑妮。可怜的小家伙淋了一夜雨，浑身湿透，耷拉着毛，睁着无辜的乌溜大眼。尽管狗狗很萌，回家后还是以"离家出走罪"被逮捕禁足，判处有期徒刑一天。芭芭拉带我们在她家院子里四处溜达——圣海伦斯火山的火山石，浇咖啡能开出硕大花朵的绣球花，种在温室里的酸蓝莓，散发出淡淡菠萝香气的薄荷（奶奶叫它"抱荷"，因为它喜欢人们拥抱，每天抱一抱就长得枝繁叶茂），被来无影去无踪的鹿啃得惨不忍睹的花草树木……

黄石之约

巧克力妹妹：露营黄石公园

在保拉奶奶家度过美好难忘的五天后，我们转移到弗雷德爷爷家。爷爷开房车带我们去遥远的黄石公园，需要三天，开车又慢又累，光油费就上千美元。我很奇怪，为什么非要开房车？爷爷说，他希望我们在美国玩得更开心，看得更多，算是他送给我们的礼物。我既感动又内疚——为了我，让一位有心脏病、高血压、白内障的八旬老人天天顶着大太阳开车，值得吗？妈妈很激动，她说，这一次的黄石之旅，是我们四人的私人定制，我们会享受到十天美好的家庭时光。

爷爷得意地说，我一定会因爱上他而不愿回家。爷爷在小事上爱开玩笑：从我的盘里偷吃培根；把狗赶到床上舔醒我；早上醒来见他对我扮鬼脸……但爷爷在大事上很认真，处处为我们着想，开车去黄石公园就是一个最好的例子。这样一位爷爷，有谁不喜欢？

莎拉和弗雷德爷爷不同——弗雷德爷爷把我和妈妈当孙女疼爱，而莎拉把我们当同龄人。莎拉没孩子，她不喜欢我叫她奶奶。莎拉不爱笑，一旦笑起来很可爱——我坚信笑得如此美丽真诚的人，一定有着丰富多彩的内心世界。我知道她爱我们，她只是不善表达。我相信莎拉一定能感受到我对她的爱。

去黄石公园的路上，除了海，什么风光都能看到——绿油油的稻田纵横交错，凉风下微微颤动的绿叶汇成碧绿的翡翠；无边无际的沙漠横卧在眼前，暗黄色上星星点点散落着深绿色的低矮灌木；令每个人都错认成沙漠的麦田随着小丘连绵起伏；曲曲折折的盘山公路消失在茂密的森林里；细长的蛇河迂回盘曲，"哗哗"的溪水声一路相伴……

每晚住的营地都特别爽。黄昏时，满天彩霞，红、紫、橙、黄，一层层向外渗透。晚霞映在湖水里，随着微波轻轻泛动。晚风吹来，纵横交错的稻草拂过狗尾巴草，发出"沙沙"的声音。我感觉天有些凉。此时的重庆大概还是正午烈日吧！蝉低鸣着，千万声音汇在一起，是最壮观朴素的派对——我不喜欢称它"音乐会"或"交响乐"，"派对"似乎更亲切。高远的天上，星星又大又亮——我不想用钻石、珍珠来形容，自然的美景永远不是人工所能雕琢，珠光宝气所能修饰的。

房车有近乎完美的设施，我们每天在车上过夜。爷爷奶奶睡主卧，幸福的伯蒂居然也睡床上，我和妈妈睡沙发床。

到达黄石公园是第三天晚上。奶奶租了一辆小轿车在公园内驾驶，房车停在营地里。

黄石公园，世界上第一座国家公园，建于1872年，1978年被列为世界文化遗产，是世界上最壮观的国家公园之一和全美最大的野生动物保护区。

我们去看了很有名的"老忠实"泉。一般的间歇泉不稳定，没法预料下一次喷发时间，而"老忠实"泉每90分钟固定喷发一次，不但是极为壮观的景点，还适合科学家观察研究。"老忠实"泉喷发时，从平坦的原野上蹿起一条银白色的水柱，如蛟龙一般直冲上几十米高空，顺着风势飘向一边的水汽，如战场上的滚滚狼烟，又如沙漠上扬起的尘暴，很是壮观。

我们住在黄石湖边。黄石湖是世界上最大的火山湖，而黄石公园本身也是一座巨大的活火山。如果有一天它喷发，将牵连全球，或许会带来世界末日。还好黄石一如既往地平静，黄石湖也是安静的"睡美人"。近观湖水，它清澈得没有一丝波纹和尘埃。远看湖水，那么蓝，只有亲眼目睹才能感受到那动人心魄的美。

不容错过的是大峡谷瀑布，如千万条蛟龙翻滚，千万匹骏马奔腾，呼吸间，浩浩荡荡跃向悬崖。这让我想起，有句唐诗用来描述瀑布的壮观："飞流直下三千尺，疑是银河落九天"。下面的峡谷威严陡峭，如刀削斧凿。一峡水向前涌，水花飞溅，水波粼粼，洁白如雪的波涛中暗藏几股青翠如玉的水流，非但不减豪情霸气，反添秀丽素雅。美哉、妙哉、壮哉！

猛犸象温泉风光独好。那是一个阶梯状的火山石灰岩，散发着浓烈的硫黄味，云雾般蒸汽笼罩。终年流淌的水流下，无比光滑的鹅卵石在阳光下闪耀着柔和的五彩光芒。旁边的自由帽有些像尖头菇。我和妈妈沿偏僻步道行走，因道路太过泥泞，我们没走太远，但这里风光角度都很好，透过芦苇丛和簇簇黄花能把猛犸象温泉和自由帽都收入镜头。

最令人惊讶的是，我们竟目睹了一场森林火灾。升腾的浓烟遮天蔽日，蔓延在天空的每个角落。太阳出现在烟比较薄的地方，没有万道金光，而是一个浑圆的血色火球。我感到盘古开天辟地般的气势。我和妈妈很担忧，莎拉却说这不算什么，中部每年都有很多森林火灾，那是自然母亲在调节生态，火灾后，植物生长会更健康茂盛。

四天的黄石之旅，看动物也是一大乐事。

黄石公园是全美最大的野生动物保护区，这里没有动物园的冰冷铁栏阻挡，我们可以自由自在地看动物。

公园最常见的动物是美洲野牛。美洲野牛比普通牛大得多，有八岁孩子那么高，浑身棕褐色微卷的毛。头大且头部的毛比身体其他部位颜色略深，小小的眼睛被浓密的毛挤得更显小，滴溜溜地转动，显得几百公斤的大个儿像小羊羔一样可爱。野牛常出现在马路上，很享受走在马路中央的滋味。

加拿大鹅在丛林溪流中特常见，外形像普通鸭子，毛色棕黑相间。尽管没有天鹅优雅，看起来憨萌，其实轻盈，没法靠近观看。

动画片里常出现的擅长捕鱼的大嘴鸟——鹈鹕（塘鹅），在这里随处可见，雪白的羽毛、小小的顶冠，嘴巴没有动画片里那么夸张。

我意外发现一只水獭，大概有半米长，全身棕色，掺杂少许黑色杂毛。它扭动着肥嘟嘟的身躯，以和身体不相称的敏捷身手爬上岸，三下五除二咬下一大把草，无视岸边一群人咔嚓闪光，悠然游走。她是给孩子筑巢的水獭妈妈。

营地的松林里有很多小松鼠和小地鼠。地鼠约巴掌大，棕色皮毛上黑色条纹，亚麻色大眼睛。松鼠的脑袋大一点，眼睛也大一点，显得更可爱。两种小动物跑起来特快。

半大的小鹿也很可爱，乌黑澄澈的大眼睛，微微翘起的尾巴，特别是毛茸茸的稚嫩的鹿角，太迷人了！

可惜的是，黄石公园最珍贵的熊、狼、狐狸未见踪迹。妈妈八年前来，邂逅了五头熊，腿上还因此留下一块伤疤呢……

算了，留点遗憾，下次再来！

🚩 珍惜和美国爸妈在一起的每一天

到了一定年龄，放不下的东西自然会放下。我一向喜欢有人生智慧的老人，听他们说话，向他们倾诉内心烦恼，在他们的指点下慢慢体验生命历程。

美国爸爸都七八十岁了，一方面为社区免费工作，穿西装打领带很值得信任的样子；一方面在家人面前永远穿同款白T恤和牛仔裤，像小孩子一样生活，笑声不断。他热心教育事业，喜欢爱看书的人。八年前我在这里时，他笑呵呵四处忙活，莎拉和我躺在各自的沙发上看书。后来天各一方，他每天发一句谚语来教育我，美其名曰"分享人生智慧"。

我曾问弗雷德："你心烦时怎么办？"他想了想说："如果改变不了现状，我就用最快的时间冷静，然后忘记，宽恕，和解，这样我就又快乐起来。"

去黄石公园往返两千多公里，六天在路上，四天在公园里。每天开车四百多公里，弗雷德开心得很，累了指着肩膀让巧克力妹妹按一按，求个拥抱，就有力气继续前进。

在公园的四天，车一直是莎拉开的。在路上看见动物，我和巧克力妹妹大呼小叫想看，请她停车。她说高速路不能停车。我指着路边停车照相的人抗议，她愤怒了："就是不守规则的外国游客才引发这么多交通事故！和我们在一起，你们要学会遵守规则！

从前巧克力妹妹和她爸爸一样，死活不离开中国，最好不离开重庆；这次美国之行对她改变很大，她甚至愿意去别的国家念大学，感受不同的文化，但吸收营养后她很坚定地要回来报效祖国。

纪伯伦的那首诗说得很好："孩子只是凭借父母这张弓来到世间，他们根本就不属于我们。"我现在放下了对孩子的控制欲。父母爱子女，但有几个子女回报相同深情？爱他人，不过是守望心中的那盏灯。

和美国爸妈相处的最后一晚，我辗转反侧。我们相约2015年冬天在亚利桑那州的沙漠尤马见，那是美国阳光最多的城市。

我们在黄石拍了上千张照片，最稀罕的不是自然美景和野生动物，而是我们四人一狗的亲密友谊。这个世上还有什么比真情更可贵？

再见，美利坚

巧克力妹妹：环美游记终

飞机起航。

云雾缭绕中，美国渐渐远去。

50余天，这片土地给我带来什么？

不像在许多国人口中扭曲的美国。我觉得它很善良、很阳光、很独特、很美。在美国这么久，我们好像没有遇到坏人，从朋友到陌生人，给我留下很深、很好的印象。

这是一个让人感慨的国度。只有短短两百多年历史，却很快发展成世界强国。它拥有先进的科技，也有自己的传统，这两者完美地交融在一起。

我爱美国，这不意味着对中国的爱会因之减少。有一些人，他们疯狂地爱自己的祖国，以至对国外的一切不屑一顾。从前，我敬佩他们，也赞赏他们；现在，我敬佩他们，却不赞赏他们。没有一个国家是完美的，疯狂的爱会演化成盲目地信奉，这跟封建迷信又有何区别？如果对其他国家怀有偏见，你将看不到它的优点。无数种爱可以并存，这也是美国教给我的。

爱上一个国家一座城市

有很长一段时间，我不太满意自己的生活状况。

首先是居住环境。整个城市像大工地，家里堆积灰尘，窗外充斥噪声。

其次是工作环境。正在施工的工地在正下方，开窗，闹得头疼；不开窗，闷得头昏。

再次是自然环境。空气混浊，天空一片阴霾。

然后是人文环境。私人信息被泄露，骚扰电话被打爆。看病环境糟糕。一次去某三甲医院排长队看病，前面一位孕妇找医生看检查结果，忙得喘不过气的医生看一眼单子，冷漠地说："胎儿死了。下一个病人！"可怜的孕妇脸色苍白，泪水夺眶而出。市井老人随地吐痰大声喧哗，上午舞下午赌晚上开着低音炮跳坝坝舞，持免费公交卡倚老卖老逼迫劳累的上班族为他们让座。

我最忧心的是食品环境，我们几乎吃不到自然生长的食物，任何吃到腹中的东西必有人工干预。

还有物价飞涨，孩子们学习压力山大……我一直渴望有一天，能去一个天蓝水绿，自然环境优美，民风淳朴的地方生活。

直到不久前我的一些想法有所改变。

我决定调整心态。心中和谐，世界就安宁。

换一种心绪看这个国家和生养我的城市，突然发现她值得厚爱。

中国尚好，古老的文明，经历战乱灾难人口膨胀，背着重重的壳，依然以令世界震惊的速度发展。

重庆尚好。我们普通老百姓住的房子，吃的食物，穿的衣服，受的教育，品质越来越好。

家也尚好。周末陪着父母孩子，去滨江路散散步，到南山喝喝茶，其乐融融。家人健康，生活实在，都挺好。有一年三个月的假期，有背包走天下的健康身体，可以和心爱的人把世界看遍；以后老得走不动了，在空气纯净的海滨草原森林田园，租一间当地人的小屋，慢慢看云卷云舒，日出日落，想想都想笑。

美国爸爸一直不遗余力地说服我们移民美国。他坚信我一定会爱上美国，坚持教我开车、开船、开直升机，修车、修房、修吸尘器，因为这些技能在未来的生活中一定能派上用场……

我也曾期待有差异的异乡生活：可随着年龄的增长，这个目标渐渐接近时，内心却发生了变化。

变化的核心是巧克力妹妹。小小的她拥有比我们更多的选择。美国爷爷希望她去美国念中学，愿意帮她办理入学的一切手续。平时嬉皮笑脸的巧克力妹妹此时连一秒钟的犹豫都没有，她看着我说："如果有一天，有另一个妈妈喜欢我，我会离开你吗？中国妈妈这棵树上树叶太多，因为嫌挤，我就应该离开它另寻怀抱吗？妈妈，也许有一天我会去外国念几年大学，但我的家永远在中国。我想陪着外公外婆，我想随时看看小时候爬的黄桷树，我想好好学习，长大后做点什么，驱散雾霾，让重庆也有蓝天。即使没有蓝天，我还是喜欢她，她是我生长的地方，我爱她，就像爱你一样。美国爷爷奶奶，我们有机会多陪陪他们就是。"回国之后，她更加勤奋地学习，她的梦想是，凭自己的实力，和好朋友一起考进重庆最好的初中。如今，她的这个梦想已成真，即将开启新的梦想。

这个淳朴的孩子，坚定地爱着一个国家一座城。她的坚定，就是一个家庭的坚定。

※ 泛舟尼泊尔费瓦湖

※ 徒步喜马拉雅，刘笑言成为第一个遭受蚂蟥袭击的对象

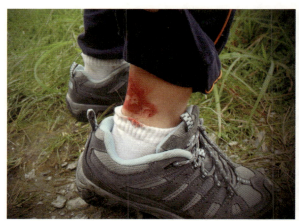

后记一　爱上旅行，因为你

　　记得第一次跟着黄箐阿姨旅行时，我九岁。我们到尼泊尔自由行，团队一共六个人，三个妈妈带着三个孩子。那一次，让我深深地爱上了旅行。从此，每个假期，我们都在黄箐阿姨的带领下，到世界各地旅行，有时是几家人一起、有时是我们自己一家人，世界的好多地方都留下了我们的足迹。

　　那次在尼泊尔，让我印象最深刻的，就是黄箐阿姨带着我们横渡费瓦湖，要知道，横渡费瓦湖简直就是不可能完成的任务。可是我们三个人居然坚持下来了。我想，如果没有那次经历，我就不会理解"极限是拿来挑战的"这句话的含义。这是那次旅行给我带来的收获。

　　后来，我们又去了美国和欧洲许多国家，体验了不一样的文化，欣赏了不一样的风景，我学到了太多太多。

　　跟着黄箐阿姨去旅行，我能感受到她娇小身体里潜藏着无穷的能量，让我产生马上要去探索新世界的冲动。

　　我想对黄箐阿姨说："你是我永远的领队，我是你永远的铁杆队员；当然，适当的时候，我当领队，你当队员，咱一起环游世界，我相信你会同意的，因为：我们是一个团队（We Are One Team）！

永远的旅伴　刘笑言

※ QQ 小姐和学生豆豆（右）一起旅行（美国与加拿大交界处）

后记二　加油，QQ小姐

我深感荣幸，能为QQ小姐的处女作写序。高中三年我有幸参与了这本书里所记录的一部分内容。现在，我时常会怀恋和QQ小姐在一起的美好时光。我真的感到很幸运这辈子能遇到这样一位老师，像妈妈一样关心我的身心健康，像朋友一样带我去经历各种人生第一次：第一次过集体生日，第一次在公园里上英语课，第一次住男女混合寝室，第一次睡机场，第一次计划坐火车环游美国……这些第一次早已深深地刻在我的脑海里，成为我日后的谈资。

在QQ小姐身上，我明白了不仅要让自己充满正能量，还要将这种正能量传播出去。还记得以前每次放完寒暑假回到学校，最期待的就是听QQ小姐讲述她上个假期的各种旅行经历，每一次的内容都精彩纷呈。我想不仅是我自己，还有我身边的同学，都已经被她的生活态度所影响，开始喜欢上了旅行，喜欢上了身与心都在路上的这种感觉吧。

每周一次上QQ小姐的选修课已经成为我们的心灵加油站，她在"旅行课堂"上讲的我至今都还记得，比如QQ小姐曾经坐过的不附带保险的飞往新加坡的廉价航班，在尼泊尔徒步时双脚粘满蚂蟥，在美国黄石公园刷牙时偶遇黑熊的惊险一幕……听她的课，我们似乎跟着她走遍了世界各地。

QQ小姐总说："永远年轻，永远热泪盈眶，永远充满希望。"这是她很喜欢的一句话，也是影响我最深的一句话，希望我能像她一样。

您的学生　豆豆

附录　大手牵小手，自助游十年

2004年到2010年，我们几乎走完全中国（除新疆）。2007年的青海湖之行是我们人生第一次自助游。之前都借助旅行社跟团出行。

2011年暑假：开始环球旅行。成都－康定－稻城亚丁－香格里拉－虎跳峡－丽江－大理－昆明－尼泊尔加德满都－博卡拉－奇特旺－拉萨－定日－珠峰。历时50天，其间含志愿者活动。

2012年寒假：坐汽车横穿老挝到柬埔寨，纵穿柬埔寨从万象到西哈努克市；再到香港露营徒步。历时27天，此行有志愿者活动和徒步ABC环线中的一小段路程，还有终生难忘的滑翔伞和漂流体验。

2012年暑假：取道蒙古国，畅游东三省（至漠河北极村）。历时32天。

2013年寒假：泰国，清迈到甲米，开始迷上户外运动。历时23天。同时意识到我们喜欢穿越大陆式的旅行。

2013年暑假：如约去美国，途中还顺带趁转机间隙游览了韩国首尔。坐火车绕着美国走了一大圈，从太平洋到大西洋，从加拿大边境到墨西哥边境。开始喜欢上顶级博物馆、美术馆和音乐厅所传递的信息和氛围。感慨友情的重要，并且觉得去发达国家，钱不是最重要的，头脑才是。在芝加哥时第一次注册全球民宿网爱彼迎（Airbnb），感觉世界对我们敞开大门。此行我带了一名高考失利的学生，这次旅行成了她的毕业旅行。回国后，她发奋学英语，半年后考入墨尔本大学。历时50天。

2014年寒假：带生病的妈妈和健康的爸爸去泰国度假，体验各种户外运动，坐汽车纵贯泰国，从清莱到普吉，然后再去澳门、香港和广州、深圳。老人很喜欢，表示此生足矣。历时27天。

2014年暑假：终于说服巧克力妹妹的爸爸三木。他第一次加入我们，徒步英伦三岛。三木年假结束后，我们母女飞往丹麦，开始徒步丹麦、挪威、瑞典、德国、瑞士、法国……我们第一次尝试登勃朗峰。因为完全没有经验，在海拔3000多米处差点失温昏迷，开始懂得要敬畏大自然。历时52天。

2015年寒假：因生病手术，身体虚弱，接受美国爸爸邀请，去温暖的亚利桑那沙漠中的房车露营疗养。大约半个月后身体康复，和巧克力妹妹徒步科罗拉多大峡谷。历时28天。从此深深爱上高强度的徒步。

2015年暑假：攀登非洲最高峰乞力马扎罗山并登顶，徒步东非大裂谷（一部分），尼罗河漂流。从非洲回香港—厦门—兰州—新疆—徒步天山（横穿中国）。

2016年寒假：体验意大利地中海上的游艇生活，徒步南欧最高的活火山西西里岛的埃特纳火山；徒步西班牙朝圣之路。历时28天。

2016年暑假：在新加坡跑马拉松，攀登印度尼西亚第二高峰林贾尼火山五天四夜，在吉利岛尝试自由潜水，在巴厘岛学习冲浪，徒步澳大利亚北领地，绕着红土中心乌鲁鲁巨石晨跑，再徒步塔斯马尼亚的陆上通道，从北到南纵穿澳大利亚。历时52天。

2017年寒假：在马来西亚的马布岛选择业界口碑异常严格的专业机构，学习初级潜水课程，因耳朵受损，只考下OW证书。攀登东南亚最高峰"神山"京那巴鲁山并登顶，过程艰苦。此时我对户外运动的热爱已深入骨髓，一般的观光旅行再也无法吸引我，我们一定要与大自然亲密互动。开始思考如何回报深爱的土地。因巧克力妹妹即将中考，历时仅15天。

2017年暑假：我加入"无痕中国"志愿者组织，开始严肃地对待志愿者这个身份，计划定时定量为保护环境尽一己之力。女儿15岁，开始尝试单飞：中考后，她独自去丽江研学旅行，代表优秀的中国中学生访问新加坡，飞赴加拿大温哥华的英属哥伦比亚大学学习暑期课程，课程结束后接受当地平民化的专业运动训练，包括马术、高尔夫和皮划艇。我们会合后，徒步落基山和太平洋西海岸小径。历时65天。

※ 母女手拉手在美国 66 号公路终点合影

※ 去美国途经韩国，顺道造访韩国梨花女子大学

心有多大，世界就有多大

※ 在美国波特兰邂逅诗人北岛

※ 在纽约现代艺术博物馆近距离看《星空》

※ 这些年我们走过很多有趣的路

※ 在韩国首尔街头迷路

※ 坐着火车环游美国

※ 住在大森林里的小木屋

※ 巧克力妹妹站在房车上看风景

※ 房车旅行中，学会不少野外生存技能

※ 一把手枪——QQ小姐在美国收到的第一份礼物

※ 黄石公园百闻不如一见

※ 华盛顿哥伦比亚特区的巨大建筑

※ 乘坐世界上第一列轻轨（西雅图）

※ 体验美国密苏里州布兰森镇的大型家庭聚会

※ 波士顿的合法海鲜餐厅请我们免费吃大龙虾，以答谢耐心等餐 40 分钟

※ 蒙古白湖风光无限好

※ 怀念蒙古一鹰一骑的游牧时光

✵ 跟随蒙古汉子草原猎狼

✵ 在柬埔寨塔布茏寺见证自然的力量

※ 徒步澳大利亚国王谷

※ 徒步挪威巨石峡湾

登山徒步

无限风光在险峰
敬畏自然记心中

※ 西班牙朝圣之路

※ 登上非洲最高峰乞力马扎罗山

※ 徒步阿尔卑斯山脉

※ 徒步英国苏格兰高地的天空岛

※ 肩并肩坐在印度尼西亚第二高峰林贾尼火山上

※ 领略勃朗峰之美

※ 来到东南亚最高峰"神山"京那巴鲁山

※ 徒步科罗拉多大峡谷（美国亚利桑那州西北部）

※ 在冰川国家公园里行走（美国蒙大拿州北部）

※ 徒步爱尔兰

※ 徒步圣海伦斯火山（美国华盛顿州）

与大自然来一场亲密互动

※ 漂流落基山

※ 为潜入深海做准备

※ 游过澳大利亚北领地

※ 浮潜泰国普吉岛

✻ 不可错过的潜水胜地泰国皮皮岛

※ 加拿大踢马河漂流之旅

※ 在充满河马和鳄鱼的尼罗河漂流

※ 给可爱的孩子们带去知识的光芒

 公益运动 我们一直在路上

※ 在柬埔寨吴哥和战争孤儿们一起画画

※ 在加拿大体验皮划艇

※ 尝试立式冲浪运动

※ 在温哥华专业教练指导下操练棒球

※ 师从名师学习打高尔夫

这个世界充满各种可能性

唯有出发，才有机会到达

陪你
读书

人生探索家系列

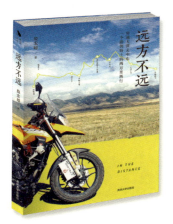

《远方不远》

ISBN：9787302475927
定价：49.80元

《向前一步，就不再怕了》

ISBN：9787302440550
定价：39.80元

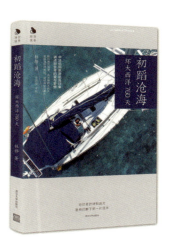

《初蹈沧海——环大西洋760天》

ISBN：9787302494577
定价：59.00元

《再济沧海——挪威至巴西两万里》

ISBN：9787302496830
定价：59.00元